Büro trafo.K: Ines Garnitschnig, Renate Höllwart,
Elke Smodics, Nora Sternfeld

Strategien für Zwischenräume

Ver_Lernen in der Migrationsgesellschaft

Schulheft 165/2017

StudienVerlag

IMPRESSUM
schulheft, 42. Jahrgang 2017

ISBN 978-3-7065-5615-6

Layout: Sachartschenko & Spreitzer OG, Wien

Umschlaggestaltung: Josef Seiter

Bildnachweis: Seiten 6, 70-71, 96-97, 118: Pia Streicher
Seiten 26-27: Bojana Stamenković

HerausgeberInnen: Verein der Förderer der Schulhefte, Rosensteingasse 69/6, A-1170 Wien
Grete Anzengruber, Florian Bergmaier, Eveline Christof, Ingolf Erler, Barbara Falkinger, Peter Malina, Editha Reiterer, Elke Renner, Erich Ribolits, Michael Rittberger, Josef Seiter, Michael Sertl, Karl-Heinz Walter, Reinhard Zeilinger

Redaktionsadresse: schulheft, Rosensteingasse 69/6, A-1170 Wien; Tel.: +43/0664 14 13 148, E-Mail: seiter.anzengruber@utanet.at;
Internet: www.schulheft.at

Redaktion dieser Ausgabe: Büro trafo.K (www.trafo-k.at): Ines Garnitschnig, Renate Höllwart, Elke Smodics, Nora Sternfeld

Verlag: Studienverlag, Erlerstraße 10, A-6020 Innsbruck; Tel.: 0043/512/395045, Fax: 0043/512/395045-15; E-Mail: order@studienverlag.at;
Internet: www.studienverlag.at

Bezugsbedingungen: schulheft erscheint viermal jährlich.
Jahresabonnement: € 37,00
Einzelheft: € 16,50
(Preise inkl. MwSt., zuzügl. Versand)
Die Bezugspreise unterliegen der Preisbindung. Abonnement-Abbestellungen müssen spätestens 3 Monate vor Ende des Kalenderjahres schriftlich erfolgen.

Aboservice:
Tel.: +43 (0)512 395045, Fax: +43 (0)512 395045-15
E-Mail: aboservice@studienverlag.at

Geschäftliche Zuschriften – Abonnement-Bestellungen, Anzeigenaufträge usw. – senden Sie bitte an den Verlag. Redaktionelle Zuschriften – Artikel, Presseaussendungen, Bücherbesprechungen – senden Sie bitte an die Redaktionsadresse.

Offenlegung: laut § 25 Mediengesetz:
Unternehmensgegenstand ist die Herausgabe des schulheft. Der Verein der Förderer der Schulhefte ist zu 100 % Eigentümer des schulheft.

Vorstandsmitglieder des Vereins der Förderer der Schulhefte:
Eveline Christof, Barbara Falkinger, Josef Seiter, Grete Anzengruber, Michael Sertl, Erich Ribolits.

Grundlegende Richtung: Kritische Auseinandersetzung mit bildungs- und gesellschaftspolitischen Themenstellungen.

Verlernen bedeutet nicht vergessen, ebensowenig löschen, annulieren oder niederbrennen. Es bedeutet mutiger zu schreiben, von Neuem zu schreiben. Es bedeutet, neue Fußnoten an alte oder andere Narrative zu heften. Es bedeutet, den Staub wegzuwischen, das Gras zu belüften und den Putz vom Verdeckten abzuklopfen. Verlernen bedeutet, die Medaille umzudrehen und die Geister wiederzuerwecken. Verlernen heißt, in den Spiegel zu schauen und die Welt zu sehen.

Bonaventure Soh Bejeng Ndikung

INHALT

VERÄNDERN

VERSAMMELN

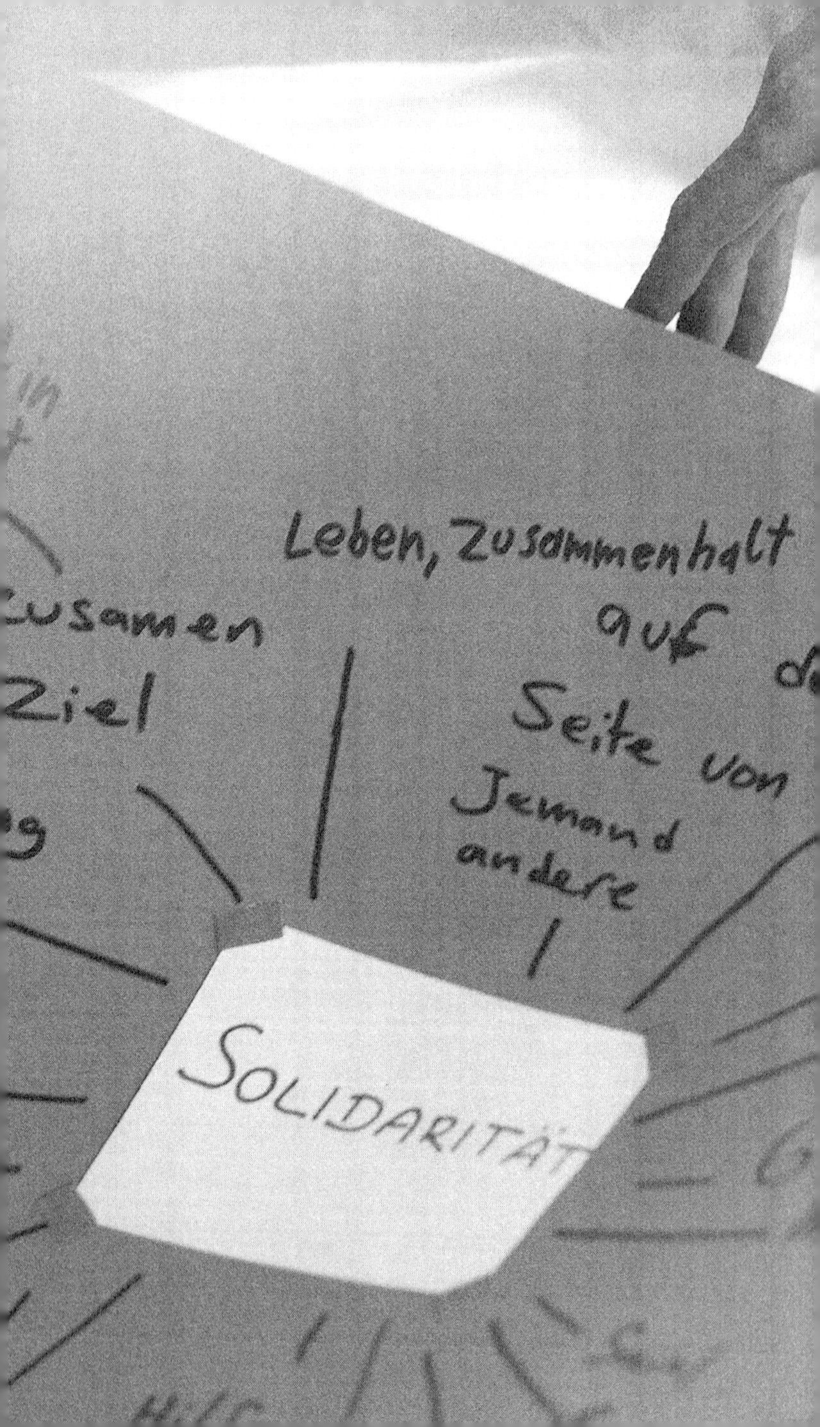
Leben, Zusammenhalt
auf
Seite von
Jemand andere
Ziel
SOLIDARITÄT

Büro trafo.K

Vorwort: Was heißt Ver_Lernen in der Praxis?

Lernsituationen so zu gestalten, dass sie Wege eröffnen, sich selbst und die Welt anders und neu zu verstehen und sich so auf ein Außen auswirken – das macht Bildungsprozesse aus. Und Bildung in diesem Sinne zu ermöglichen ist ein zentrales Anliegen emanzipatorischer Bildungsarbeit. Doch wie können Bedingungen geschaffen werden, unter denen dies für alle an einem Bildungsprozess Beteiligten gelingen kann? Was braucht es dazu? Und welche – mehr oder weniger bewussten – Glaubenssätze, Logiken, Routinen, Umgangsweisen, Hierarchien und Strukturen müssen wir dazu in Frage stellen? Was müssen wir also verlernen, wenn wir lehren und wenn wir lernen?

Wir leben in einer Migrationsgesellschaft, die von Differenzen und Machtstrukturen entlang von sozialen Unterschieden und Unterscheidungen durchzogen ist. Jede_r, der_die mit Schule zu tun hat, erfährt das und handelt alltäglich in Räumen, in denen unterschiedliche Sichtweisen, Erfahrungen und Sprachen aufeinandertreffen. In jedem Klassenzimmer finden sich Widersprüche und Unterschiede versammelt: individuelle Differenzen, unterschiedliche Lebensgeschichten, familiäre und soziale Lagen und Tradierungen und unterschiedliche Erfahrungen von Ein- und Ausschluss, von Selbstverständlichkeit und Befremdung. Auch sind nicht alle Schüler_innen vor dem Gesetz gleich. So können etwa nicht alle Jugendlichen im Klassenzimmer ab 16 wählen.

All das erfordert dauernde Aushandlungsprozesse. Und es kann auch mal zu Konflikten führen.

Bildungsräume sind also in mehrerlei Hinsicht Kontaktzonen. Das ist anstrengend, aufregend, aufreibend und dabei oft voll erstaunlicher, schöner und unerwarteter Momente. Allerdings sind die bestehenden Schulbücher, Lehr- und Lernformate und Materialien für den Unterricht keineswegs so selbstverständlich heterogen wie der Alltag im Klassenzimmer. Doch „Vielheit", schreibt Mark Terkessidis, „ist kein lästiges importiertes Problem, sondern schlicht die Ausgangslage, die es zu gestalten gilt." (Terkessidis 2010, S. 12)

Um dieser Prämisse zu folgen, scheint es notwendig, einige gewachsene Selbstverständnisse des Lehrplans in Frage zu stellen. Denn offene Lernsituationen, die imstande sind, Bildung, Kultur und Gesellschaft so selbstverständlich plural zu verstehen wie der Alltag längst ist, müssten durchaus auch lernen, ihre eigenen Ausschlüsse und Verengungen, Bevorzugungen und Benachteiligungen zu verlernen. Sie müssten, wie Paul Mecheril schreibt, „dominante Zugehörigkeitsordnungen" verschieben (Mecheril 2004, S. 223).

Diese Ausgabe des schulheft geht auf ein Projekt zurück, das sich unter dem Titel „Strategien für Zwischenräume" diesen Herausforderungen stellen wollte und nach Formaten für die Praxis suchte.[1] Gemeinsam mit Jugendlichen, Lehrenden, Künstler_innen, Historiker_innen, Bildungsinstitutionen und antirassistischen Organisationen arbeiteten wir ein Jahr lang daran, besser zu verstehen, wie ein solches Ver_Lernen in der Migrationsgesellschaft aussehen könnte. Fragen, die sich uns stellten, waren: Wie können wir der Delegitimierung von marginalisiertem – v. a. migrantischem – Wissen entgegenwirken? Was sind konkrete Strategien, um vorherrschende Wissensformen im Bildungsalltag zu unterlaufen? Und wie können Formate des Lernens neue Perspektiven auf Geschichte, Stadt, Sprache und Kunst eröffnen? Der vorliegende Sammelband ist eines der Ergebnisse dieses Prozesses.

Viele der Texte basieren auf einer Ringvorlesung, die in den Räumen der Arbeiterkammer stattfand. In diesem Rahmen hatten wir zwei Semester lang die Gelegenheit, Fragen zu vertiefen und Ansätze zu diskutieren. Die Beiträge sind Ergebnisse dieses und vieler weiterer Diskussionsprozesse. Sie werden durch Ausschnitte von Interviews ergänzt, die Studierende des Instituts für das künstlerische Lehramt der Akademie der bildenden Künste Wien in Seminaren von Maria Hündler und Renate Höllwart mit den Vortragenden geführt haben.

Nach einführenden Texten, durch die das Projekt vorgestellt wird, ist der Band in drei Abschnitte unterteilt, die jeweils unterschiedli-

1 Das Projekt ist gefördert aus den Mitteln von SHIFT. Das Teilprojekt Ringvorlesung und Publikation wird finanziert von der AK-Wien und erfolgt in Zusammenarbeit mit dem schulheft.

che Gewichtung auf unsere Themenschwerpunkte Geschichte, Stadt, Sprache und Kunst legen: Unter dem Titel *Verlernen* werden Kritiken an bestehenden Selbstverständnissen aus der Perspektive der postkolonialen Theorie, der Sprachwissenschaft, des kritischen Urbanismus und des postmigrantischen Theaters formuliert. Das Kapitel *Verändern* widmet sich politischen und pädagogischen Handlungsräumen. Der letzte Teil mit dem Thema *Versammeln* fragt nach Potentialen von Archiven und Archivpolitiken für alternative Wissensformen und Lernpraxen. Er endet mit einer Vorstellung des Archivs für emanzipatorische Praxen, das im Rahmen des Projekts entstanden ist und Strategien für die pädagogische Praxis in der Migrationsgesellschaft vorstellt. Nachdem der Band Begriffsklärungen und Selbstverortungen an den Schnittstellen von Theorie und Praxis vornimmt, präsentieren wir hier das, was sich auf der Suche nach dem Ver_lernen für die Praxis ergeben hat: Materialien, Anregungen für Workshops, Praxisbeispiele und Unterrichtsvorschläge. Das Ende des Buches ist also zugleich erst richtig konkret und offen. Es verweist auf eine Website als Archiv, eine wachsende Sammlung von Wegmarkierungen, Erfahrungen und Modellen, die uns beeindruckt haben – eben Strategien für Zwischenräume.

Ines Garnitschnig, Renate Höllwart, Elke Smodics
und Nora Sternfeld

Literatur

Paul MECHERIL, Einführung in die Migrationspädagogik, Beltz, Weinheim und Basel 2004.

Mark TERKESSIDIS, Interkultur, Suhrkamp, Berlin 2010.

„Strategien für Zwischenräume. Neue Formate des Ver_Lernens in der Migrationsgesellschaft“ ist ein Projekt von Büro trafo.K (Ines Garnitschnig, Renate Höllwart, Elke Smodics, Nora Sternfeld) gemeinsam mit Sheri Avraham, Regina Wonisch, Arif Akkılıç, Maia Benashvili, Xhejlane Rexhepi, Gabu Heindl und Dirk Rupnow, in Kooperation mit WUK m.power und Jugend am Werk, dem Forschungszentrum für historische Minderheiten, maiz – Autonomes Zentrum von und für Migrantinnen und dem Arbeitskreis „Archiv der Migration“.

Herzlichen Dank allen, die mit uns gearbeitet und nachgedacht haben, von denen wir lernten und mit denen wir verlernten: Bashir Altawil, Ravjot Bhullar, Zeliha Birkent, Ali Ehsani, Ali Horvath, Mostafa Hosseini, Stefanie König, Selderhan Mann, Sarafina Muck, Mohammad Noor, Ali Omedi, Alexander Rudolf, Emanuil Sabev, Mischa Stehlik, Iliyana Stoilova, Slavica Trost, Ahmad Khiam Baham, Jazan Daif, Eryk Dutkowski, Irma Hajric, Fareba Hussaini, Pamela Jovanovic, Peter Kirsheh, Suraj Munteanu, Melani Nikolic, Mir Akbar Omarkhel, Laura Ranucci, Ayub Roble Jama, Marcel Schneck, Sarthik Sharma, Harakat Khan Shinwari, Bahshi Omed, Nadine Edelmann, Alexandra Gavris, Philipp Hentschel, Ibrahim Mubarik, Saifullah Majidi, Luis Noci, Alie Akbar Rezai, Sandra Taborsky, Norbert Vicovan sowie Nina Eckstein und Sebastian Beer (WUK m.power); Christina Bollwein, Jürgen Gross, Andrija Ilijevski, Mustafa Kocak, Brigitte Martinek, Quentin Michaelis, Anil Önder, Ramona Sax, Ersin Subasi sowie Wolfgang Bamberg und Susanne Glaser (JAW); Elias Berner, Antonia Fätkenheuer, Veronika Gaitzenauer, Nina Geschl, Franziska Kabisch, Christine Nagy, Fabio Otti, Karla Schmutzer, Frank Schuller, Letafat Tavakoli u.a. sowie Maria Hündler (Akademie der bildenden Künste Wien/Institut für das künstlerische Lehramt); Arif Akkılıç, Vida Bakondy, Ljubomir Bratić, María do Mar Castro Varela, İnci Dirim, Ida Divinzenz, Ayşe Güleç, Alisha M. B. Heinemann, Julia Hofbauer, Njideka Iroh, Belinda Kazeem-Kamiński, Aslı Kışlal, Rubia Salgado, Hansel Sato, Tomash Schoiswohl, Gerd Valchars und Erol Yıldız (Ringvorlesung und Aktionstage); Sonia Garziz und Franziska Kabisch (Grafik und Layout), Daniel Schweiger (Webprogrammierer); Sandra Kosel, Mario Lang und Pia Streicher (Fotos); Ingolf Erler (schulheft) sowie Petja Dimitrova, Brigitte Geiger, Paweł Kamiński, Cornelia Kogoj, Kerstin Krenn, Ulli Mayer, Bojana Stamenković, Toledo i Dertschei, Wolfgang Wizlsperger, Elke Zobl u.v.m.

trafo.K ist ein Wiener Büro für Kunstvermittlung und arbeitet an Forschungs- und Vermittlungsprojekten an der Schnittstelle von Bildung, Kunst und kritischer Wissensproduktion.

Dazu gehören Medien- und Jugendprojekte, künstlerische Interventionen, wissenschaftliche Studien, Schulungen, Workshops und Consulting für Museen und Ausstellungen sowie Projekte im öffentlichen Raum. Schwerpunkte sind zeitgenössische Kunst, Wissenschaftsvermittlung und Zeitgeschichte.

In unseren Projekten stellen wir Selbstverständlichkeiten in Frage und intervenieren – manchmal mit unerwarteten Ergebnissen – in bestehende Verhältnisse. Es geht uns darum, mediale und institutionelle Strukturen offen zu legen sowie Öffentlichkeiten für alternative Geschichten und Bilder herzustellen. Dabei interessiert uns, was geschehen kann, wenn unterschiedliche Wissensformen, künstlerische Strategien und gesellschaftsrelevante Themen zusammen kommen. In unseren Projekten lassen wir uns auf kollektive, emanzipatorische Prozesse ein, bei denen unterschiedliche Perspektiven aufeinander treffen und neue Handlungsräume entstehen.

Elke Smodics und Ines Garnitschnig

Im Zwischenraum von Teilhabe und Teilgabe. Das Projekt „Strategien für Zwischenräume. Neue Formate des Ver_Lernens in der Migrationsgesellschaft"

Intervention in den Aktionsraum © Pia Streicher

Wie sehen antirassistische emanzipatorische Strategien aus, mit denen Jugendliche und junge Erwachsene mit unterschiedlichen Migrationserfahrungen Wissen produzieren, weitergeben (teilen) und anwenden? Wie können wir Bildung, Kultur und Gesellschaft aus der Perspektive einer kritischen Kunstvermittlungspraxis neu denken, die von der geteilten Erfahrung aller Menschen in der Migrationsgesellschaft ausgeht?

Imaginieren wir die Vision von Gleichberechtigung, die eine heterogene Gesellschaft frei von Diskriminierung, ohne Ausbeutung und ohne Besitzanspruch zeichnet. Dieser bewegte Traum wird als gemeinsames Handlungsziel von den projektbeteiligten Jugendlichen und jungen Erwachsenen zur Entwicklung von Vermittlungsstrategien am Beispiel der konkreten Themenbereiche Geschichte, Stadt, Sprache und Kunst verfolgt, in denen Ungleichverhältnisse und Spannungsfelder besonders deutlich werden. Ziel des Projekts „Strategien für Zwischenräume. Neue Formate des Ver_Lernens in der Migrationsgesellschaft“ ist es, Vorstelllungen von Kultur und Bildung aus der Perspektive von Jugendlichen in der Migrationsgesellschaft neu zu denken, auf dieser Basis Lehr-/Lern- und Ausstellungsformate zu entwickeln und damit gleichzeitig antidiskriminatorische Strategien für Bildung und den Kunst- und Kulturbereich zu erarbeiten. Ein wesentlicher Aspekt des Verlernens besteht für uns in einer Reflexion der Verhältnisse von Lehrenden und Lernenden: So geht es in dem Projekt auch um die Sichtbarmachung von Wissen, Erfahrungen und Kompetenzen der Jugendlichen, die ansonsten immer in eine Situation gebracht sind, etwas „erst“ erlernen zu müssen.

Im Zeitraum von einem Jahr erproben wir – das Kollektiv Büro trafo.K – in vier Workshopreihen gemeinsam mit Jugendlichen und jungen Erwachsenen der Bildungsinitiativen „Lehrbetrieb Jugend am Werk Berufsausbildung“[1] und „WUK m.power“[2] emanzipatorische Praxen im Hinblick auf Perspektivverschiebungen auf hegemoniale Wissensformen. Um dem Anspruch selbst erarbeiteter Zugänge und eines wechselseitigen Lernprozesses, der durch das Wissen der Akteur_innen in das Projekt hinein getragen wird, näher zu kommen, findet das Projekt in Kooperation mit Regina Wonisch vom „Forschungszentrum für historische Minderheiten“[3] und in

1 Die Lehrbetriebe „Jugend am Werk“ sind eine Überbetriebliche Berufsausbildungsmaßnahme des AMS für Jugendliche und junge Erwachsene, die auf Grund der strukturellen Effekte bildungspolitischer Unterdrückungsverhältnisse ihren Bildungsweg weder in weiter führenden höheren Schulen noch am freien Arbeitsmarkt als Lehrling weiterführen können. Sie bieten eine duale Ausbildung in verschiedenen Lehrberufen.

2 Der Pflichtschulabschlusskurs von WUK m.power bietet Jugendlichen und jungen Erwachsenen die Möglichkeit, auf externem Weg ihren Hauptschulabschluss nachzuholen und unterstützt benachteiligte Menschen bei der gleichberechtigten Teilhabe am gesellschaftlichen Leben.

3 Das Forschungszentrum für historische Minderheiten (FZHM) ist eine Non-Profit-Organisation und versteht sich als Bibliothek, Archiv und Forschungsinstitution. Es ist ein Ort des Austausches und der Vernetzung für Wissenschafter_innen, Bildungseinrichtungen und Kulturinitiativen, die sich mit Fragen ethnischer Minderheiten und deren Integration in historischer und aktueller Perspektive beschäftigen.

Zusammenarbeit mit der Künstlerin Sheri Avraham, den Aktivist_innen Arif Akkılıç, Maia Benashvili und Xhejlane Rexhepi sowie der Architektin Gabu Heindl statt.

Prozess, Teilhabe, Teilgabe

Eine Kunst- und Kulturvermittlung als (selbst-)kritische Praxis, die transformative Bildungsgeschehen anstrebt, ist von kollaborativem Arbeiten und partizipativen Prozessen geprägt und wird von diesen bestimmt. Dabei steht der Anspruch im Zentrum, den Projektprozess so offen zu gestalten, dass Raum entsteht für unerwartete Begegnungen, nicht planbare Situationen – als Rahmenbedingung für emanzipatorische Handlungen und solidarische Verbindungen –, in dem ein Wissensaustausch untereinander und eine gemeinsame Wissensproduktion miteinander stattfinden mit dem Ziel der Hinterfragung und Veränderung von rassistischen, sexistischen, klassistischen und anderen diskriminierenden gesellschaftlichen Verhältnissen.

Die Strategie der Einbindung, Beteiligung, Mitbestimmung und -gestaltung von Akteur_innen aus unterschiedlichen gesellschaftlichen und beruflichen Zusammenhängen bestimmt die langjährige Vermittlungspraxis des Kollektivs Büro trafo.K. Vor diesem Erfahrungshintergrund in der Zusammenarbeit mit Schüler_innen, Jugendlichen und jungen Erwachsenen gemeinsam mit Künstler_innen und Expert_innen aus verschiedenen Fachbereichen reflektieren wir stets Möglichkeiten des gemeinsamen Arbeitens dahingehend, wie die Praxis herausgefordert und transformiert werden kann. Daher durchlaufen unsere Kulturvermittlungsprojekte verschiedene Prozessphasen des gemeinsamen Arbeitens, in denen die Bedingungen und Zielsetzungen des Handlungsrahmens durch die Teilhabe und Teilgabe aller Beteiligten mitbestimmt werden. Denn um sich in partizipativen Projekten auf ein gemeinsames Ziel zu einigen, schreibt Mark Terkessidis, ist es notwendig, dass nicht nur ein aktiver Austausch durch Teilhabe stattfindet, sondern auch aktiv Freiräume geschaffen werden. Dazu gehören das Abgeben von Kontrolle, das Teilen von Verantwortung wie auch die Übertragung von Autorität – also Teilgabe (Terkessidis 2015).

Alternativer Wissensraum, partizipativer Handlungsraum

Über politisches Handeln, das der Bildung und der Kultur als Parameter zukommt, verweist María do Mar Castro Varela auf die Erfordernis von kollektiven Bildungsräumen in der Entwicklung von alternativen Wissensproduktionen, um sich den „Ignoranzen" hegemonialer Bildungsdiskurse zu widersetzen: „Ich denke, es besteht eine dringende Notwendigkeit, offenere und geschlossene Räume zu ermöglichen. Erstere fragen nicht nach formalen Qualifikationen, während letztere notwendig sind, um einen unzensierten, offenen Diskurs über die eigenen Verletzlichkeiten und erlittenen Verletzungen zu initiieren, der das Widerstandspotenzial erweitert und die Widerstandsstrategien pluralisiert. Weil eine von postkolonialer Theorie inspirierte Pädagogik das infrage stellt, was in den Bildungs- und Kulturmaschinerien oft unhinterfragt bleibt, kann ihre Praxis eine irritierende Erfahrung für alle werden, die daran teilnehmen." (Yun 2008)

Das Forschungszentrum für historische Minderheiten (FZHM) im 5. Wiener Gemeindebezirk © Pia Streicher

Damit „unsichtbares Wissen" sichtbar wird, braucht es in der Auseinandersetzung mit Antirassismus, postkolonialer Kritik, Migration und Fragen der Repräsentation alternative Lernorte und selbstorganisierte kollektive Bildungsräume. Auf Grund unseres Erfahrungswissens schien der Lernort Schule für die Zielsetzung des Vermittlungsprojekts nicht der geeignete Ort zu sein, in dem eine Befragung nach Strategien und die Entwicklung neuer Formate initiiert werden kann, denn Schule wirkt – über Struktur und Organisation, Räumlichkeit und soziale Beziehungen – vielfach gegen die Möglichkeiten, sich selbstbestimmte Räume zu schaffen und über Bestehendes hinauszudenken. Und so haben wir den Rahmenbedingungen des Projektdesigns besondere Bedeutung zugemessen. Um Prozesse der Wissensgenerierung, des Austauschs und des Ver_Lernens auf unterschiedlichen Ebenen anzustoßen, findet die Realisierung des Projekts in dem leeren Ausstellungsraum des Forschungszentrums für historische Minderheiten statt, der multifunktional als Aktionsraum für Workshops, als Vermittlungsraum und Informationsraum für Diskursbildung, als Diskussionsforum für Veranstaltungen und als Ausstellungsraum für die Präsentation der Workshopergebnisse der Jugendlichen genutzt wird. Im Rahmen des Projektverlaufs agieren, intervenieren und gestalten die Projektbeteiligten in der Verhandlung der Themen den Raum. Handelt es sich um Situationen des Inputs und des Austauschs, so werden die Sitzgelegenheiten zu atmosphärischen Diskussionsrunden arrangiert. Wird recherchiert, werden Tische und Stühle genutzt. Findet eine Veranstaltung statt, werden Stuhlreihen aufgestellt … Der Raum ist einem stetigen Wandel unterzogen, je nach Bedarf wird er mit Unterstützung aller gemeinschaftlich gestaltet.

Workshopreihen mit Jugendlichen

Die Zusammenarbeit mit jeder Gruppe umfasst mehrere Treffen, die jeweils aus einem ersten Informations- und Kennenlerntreffen in der Ausbildungseinrichtung, mehreren Workshops im Gesamtumfang von vier Tagen (ca. 24 Stunden) und zusätzlich aus einem Vorbereitungstermin und einer darauf folgenden Zwischenpräsentationen für eingeladene Jugendgruppen besteht. Den Abschluss für jede Gruppe bildet schließlich die Gestaltung eines Programmpunkts bei den Aktionstagen, den sie moderieren und leiten. Inhaltlich arbeitet jede Gruppe rund um einen Schwerpunkt – Geschichte, Stadt, Sprache oder Kunst –, der sich durch die Themen der

Aktionsraum im FZHM © Pia Streicher

Jugendlichen und über die im Raum bereits bestehenden Arbeiten mit spezifischen Aspekten verbindet. Und in der Entwicklung von Fragen, dem Erarbeiten konkreter Werke und Vermittlungsinstrumentarien und dem Austausch in der Gruppe und mit anderen Jugendlichen finden bei allen Beteiligten unterschiedliche Prozesse des Ver_Lernens statt. Diese Prozesse sind manchmal deutlich und manchmal schwer zu fassen und für jeden am Prozess beteiligten Menschen spezifisch.

Teilen wir Geschichte? Über Veränderung, mich und uns alle

Was bedeutet Geschichte? Wo wird sie sichtbar oder hörbar? Was hat das mit dem Leben zu tun? Und welche Bedeutung hat Geschichte für die Zukunft? Diese und viele andere Fragen sind Ausgangspunkt für die Auseinandersetzung der Jugendlichen mit Geschichte.

So bearbeiten etwa Jugendliche von WUK m.power, ausgehend von einem Gedicht, das sie selbst einbringen, ihre Erfahrungen mit Hass, Gewalt und Tod und werfen die Frage auf, was diese Erfahrungen für die Gestaltung des eigenen Lebens bedeuten. Mit ihrem

Wissen zu Flucht und Asylverfahren wird hier gleichzeitig ein zentraler Aspekt für die Auseinandersetzung mit Geschichte deutlich: wie individuelle Lebenswege mit gesellschaftlichen und politischen Bedingungen zusammenhängen. Das Sich-ins-Verhältnis-Setzen zu Geschichte machte diese so im Workshopverlauf zu etwas, das mit dem eigenen Leben zu tun hat. In der Herstellung einer Beziehung zwischen (allgemeiner) Geschichte und (eigener) Vergangenheit – und sei es auch aus einer Perspektive fehlender Gestaltungsmöglichkeiten im „Großen" – geschieht ein Sich-ins-Verhältnis-Setzen zur Welt, das Geschichte subjektiv bedeutsam und erfahrbar macht.

Wie zusammenleben? Interventionen zu Stadt, Raum und Solidarität

Was heißt Stadt für alle? In welcher Stadt wollen wir leben? Was ist Stadt?

Die Auseinandersetzung zu Themen wie Freiheit, Selbstbestimmung, Sicherheit, Gerechtigkeit, Flucht, Bleiberecht, Respekt, Rassismus, Ausbildung und Arbeit, Gemeinsamkeit, Fortschritt, Wohnraum und vielen mehr bilden den Ausgangspunkt für die Auseinandersetzung der Jugendlichen.

Bei der Beschäftigung mit dem Thema „Stadt" wählt eine Gruppe das Format Film, dem sie den Titel „Welcome Refugees" gibt. Die Intention der Jugendlichen ist es, den öffentlichen Medien und dem, was alles über Flüchtlinge gesagt wird, etwas entgegenzusetzen. „Das ist das wichtigste aktuelle Thema in Zusammenhang mit der Auseinandersetzung mit Stadt", meint die Gruppe bei der Präsentation, „es betrifft alle". Der Film ist ein öffentliches Statement, in dem Forderungen, Interviews mit Geflüchteten und eigene Erfahrungen miteinander verknüpft werden. Besonders wichtig ist es den Jugendlichen, das zu thematisieren, was bei der aktuellen Präsenz des Themas ausgespart wird: Wissen über die Situation der Flüchtlinge, über Gesetze und Fluchterfahrungen. Und bei der Präsentation des Films analysieren die Refugees, die Teil der Gruppe sind, in Gegenüberstellung mit ihren eigenen Erfahrungen Veränderungen und Kontinuitäten europäischer Flüchtlingspolitik und mediale Diskurse.

Wer hat was zu sagen? Rund um Worte, Dinge und Gespräche

Wie entsteht Bedeutung? Wie sprechen Körper? Und was hat Sprechen mit Macht zu tun? Die Wechselwirkungen zwischen Bild und Text, zwischen Wahrnehmen und Deuten sind Ausgangspunkt für die Auseinandersetzung mit dem Thema Sprache. Es entsteht ein Raum für Austausch darüber, was Sprache sein kann, wie unterschiedlich die Welt gesehen wird und was uns Bilder erzählen können.

Detailansicht Aktionsraum © Sheri Avraham

Wir haben die Erfahrung gemacht, dass wir lernen müssen, andere Fragen zu stellen – zum Beispiel die Fragen, was die Jugendlichen, mit denen wir arbeiten, bewegt oder warum sie sich beteiligen. Denn viel interessanter, als den Kanon herauszufordern (was ja vor allem unser politisches Ziel ist), ist es für die Jugendlichen, die Möglichkeit zu erhalten, sich Fertigkeiten und Praxiswissen anzueignen. Konkret waren dies etwa auf die Workshops bezogene Techniken wie Radiomachen, Zeitungmachen, Film schneiden, Interviewentwicklung und -führung. Auch die Erprobung und Entwicklung allgemeiner Fertigkeiten, die mit Üben, Sich-Trauen und Ausprobieren zu tun haben können, machte den Jugendlichen Spaß. Sie haben Lust daran, Inhalte aufzubereiten, zu präsentieren und zu moderieren. Und daraus entstehen auch neue Wege, sich eigene Handlungsräume zu schaffen und sich an gesellschaftlichen Prozessen zu beteiligen.

Differenzen und Konflikte werden produktiv bearbeitet, auch wenn die Jugendlichen an Grenzen und Tabus stoßen und wenn auch für uns in der Vermittlungsarbeit solche Situationen mit der Sorge verbunden sind, die oft prekäre und doch so wichtige Gemeinschaft in der Gruppe nicht zu zerstören. Und gerade im Zusammenhang mit Themen rund um Politik und Religion hören wir in letzter Zeit vermehrt: „Wir reden nicht darüber." Die Jugendlichen schützen sich hier offenbar – auch gegenseitig: vor belastenden Themen, vor Abwertung durch andere, vor einem Auseinanderbrechen von Freundschaften oder der Gruppe (aus der sie ja nicht ausbrechen können), vor Bloßstellung und auch vor Othering. Und doch bietet manchmal auch eine neue Situation des Miteinanderarbeitens – wie eben eine Workshopreihe mit (anderen) Vermittler_innen – gerade für solche Auseinandersetzungen Raum.

Diese Zwischenräume, wie sie etwa in den beschriebenen Verhandlungen entstehen, sind dabei nicht immer leicht auszuhalten. Wir wissen, dass sie von Machtverhältnissen durchkreuzt sind, aber wir wissen auch, dass alle im Zwischenraum handeln können. Uns diesen Auseinandersetzungen zu stellen und dabei im Zwischenraum auch andere zu werden, ist das, was wir unter Verlernen verstehen.

Literatur

Mark TERKESSIDIS, Kollaboration, Suhrkamp, Frankfurt am Main 2015.

Vina YUN, Das Begehren neu ordnen. Autonome Wissensproduktion in postkolonialer Perspektive, Interview mit María do Mar CASTRO VARELA, in: Frauensolidarität 1/2008, http://www.frauensolidaritaet.org/images/doku/fs_103mar_castro.pdf, S. 10–11. [17.12.2016]

Nora Sternfeld

Was wächst in Zwischenräumen? Ein theoretischer Begriff im Hinblick auf die Praxis

In der Welt zusammenleben heißt wesentlich, dass eine Welt von Dingen zwischen denen liegt, deren gemeinsamer Wohnort sie ist, und zwar in dem gleichen Sinne, in dem etwa ein Tisch zwischen denen steht, die um ihn herum sitzen; wie jedes Zwischen verbindet und trennt die Welt diejenigen, denen sie jeweils gemeinsam ist.
Hannah Arendt, Vita Activa

Post- und dekoloniale Theorien machen es sich nicht leicht: Sie möchten die Komplexität der Welt nicht reduzieren, aber dennoch mit ihrem kritischen Denken gegen Ungleichheiten und Ungerechtigkeiten antreten und relevant für die Gegenwart sein. Sie befragen das, was wir wissen, und konfrontieren uns damit, dass das, was „neutral", „selbstverständlich" und „objektiv" scheint, vielmehr ganz bestimmte Sichtweisen, Machtverhältnisse und Perspektiven – nämlich meistens männliche, weiße und heterosexuelle – als allgemein verbindlich annimmt und fortschreibt. Sie zeigen auf, dass das, was wir Allgemeinwissen nennen, eigentlich ganz und gar nicht allgemein ist und sogar bestimmte Formen des Wissens bevorzugt und anderes Wissen abtut, entwertet und aberkennt – denken wir hier zum Beispiel an Sprachkenntnisse, alltägliche Mehrsprachigkeit oder an historisches Wissen, das nicht dem immer noch stark national und monokulturell organisierten Kanon, dem Lehrplan oder dem Schulbuch entspricht. In der Wissenschaft klingen solche Ansätze der post- und dekolonialen Theorie mittlerweile vertraut – was allerdings nicht heißt, dass daraus Handlungskonsequenzen gezogen wurden. Der Alltag in der Schule ist gegenüber dem Alltag der Wissenschaft viel weniger segregiert, er ist viel weniger weiß, männlich und bürgerlich. Obwohl es sich jeweils um öffentliche Bereiche handelt, ist Schule viel heterogener als die allermeisten Museen und Konferenzen. Und dennoch sind die Schulbücher und die pädagogischen Diskurse noch nicht in der post-migrantischen Gesellschaft angekommen – also in der seit Generationen von Migration geprägten pluralistischen Gesellschaft, in der alle, die mit Schule zu tun haben, längst alltäglich handeln. In dieser Ausgabe des schulhefts geht es uns darum, diesem Widerspruch ein Stück weit gerecht zu werden und ausgehend von Ansätzen, die vor allem in der postkolonialen Theorie entwickelt wurden, Vorschläge zu machen, die die Praxis zumindest beeinflussen sollen. Mit meinem Text möchte ich versuchen, den titelgebenden Begriff der „Zwischenräume" besser zu verstehen und deutlich zu machen, warum es sinnvoll sein kann, ihn für Lehr- und Lernprozesse produktiv zu machen.

Als Getraud Marinelli-König und Alexander Preisinger einen Sammelband mit dem Titel „Zwischenräume der Migration" herausgaben (Marinelli-König, Preisinger 2011), stellten sie in der Einleitung fest, dass es eine Diskrepanz zwischen dem Diskurs der Wissenschaften und jenem der Medien gebe. Während ersterer anhand von Ansätzen aus der postkolonialen Theorie – bezugnehmend etwa auf den Theoretiker Homi Bhabha – von einer hybriden Gesellschaft ausgehe, also von sozialen Strukturen, die längst so durchmischt sind, dass die Idee eindeutiger Zugehörigkeit eigentlich gar nicht mehr durchzuhalten ist, würden Medien und auch politische Kampagnen immer noch und immer wieder monokulturell argumentieren, von Reinheit bzw. eindeutiger Zuordenbarkeit ausgehen, diese sogar einfordern. Sie schreiben:

„Das Boulevard, insbesondere in Österreich, vergisst die Nationszugehörigkeit von Straftätern ebenso wenig anzugeben, wie die an einer Renationalisierung interessierten rechtskonservativen Parteien mit diversen symbolischen Codes vermeintlich christlich-europäische Werte einfordern. Auch wenn uns die, inzwischen nicht mehr ganz so neuen Neuen Medien eine schrankenlose Kommunikation ermöglichen, wir als Konsumenten auf die Internationalisierung des Warenverkehrs nicht verzichten möchten und unsere Kinder bereits ab der Sekundarstufe im Rahmen internationaler Bildungsprogramme problemlos ein Semester im Ausland verbringen können, weisen die Wahlerfolge rechtskonservativer Parteien unter anderem auch auf eine anscheinend asynchrone Renationalisierung hin." (ebd., S. 11)

Der Widerspruch zwischen wissenschaftlicher Debatte und Boulevard kann als einer zwischen Theorie und medialem Diskurs beschrieben werden, er ist aber eigentlich auch einer zwischen der Realität von mittlerweile ganz schön alten Migrationsgesellschaften und einer politischen Propaganda ‚imaginierter Reinheit'. Darüber hinaus handelt es sich auch um einen politischen Widerspruch und als solcher verlangt er eine Entscheidung. Es stellt sich also die Frage, wo wir in Bezug auf die Anerkennung von Heterogenität und Pluralität stehen.

Was sind also Zwischenräume und warum sind sie für eine Bildung in der post-migrantischen Gesellschaft relevant? Wenn wir in diesem Buch von Zwischenräumen sprechen, dann geht es uns auf keinen Fall darum, diese besonders für Migrant_innen bzw. die Kinder oder Enkelkinder oder Urenkelkinder von Leuten, deren Lebensmittelpunkt sich änderte, zu besprechen. Es geht vielmehr um einer Anerkennung der Heterogenität der Gesellschaft und der damit verbundenen Multiplizierung von Zugehörigkeiten. Denn wir machen heute alle die Erfahrung, in vielen verschiedenen Kontexten dazugehören zu wollen und nicht auf eine Dimension reduziert werden zu wollen, unsere Lebensstile sind entsprechend mehrdimensional, und wir wollen in unserer Gemeinsamkeit und Verschiedenheit anerkannt werden. Für all das steht der Begriff des Zwischenraumes bei Homi Bhabha. Er schreibt:

„Die Abwendung von den Einzelgrößen ‚Klasse' und ‚Geschlecht' als den vorrangigen konzeptuellen und organisatorischen Kategorien führte zu einer bewußten Wahrnehmung der Position des Subjekts – Rasse, Geschlecht, Generation, institutionelle Verortung, geopolitischer Raum, sexuelle Orientierung –, die jeder Einforderung von Identität in der modernen Welt immanent sind. Theoretisch innovativ und politisch entscheidend ist die Notwendigkeit, über Geschichten von Subjektivitäten mit einem Ursprung oder Anfang hinaus zu denken und sich auf jene Momente oder Prozesse zu konzentrieren, die bei der Artikulation von kulturellen Differenzen produziert werden. Diese ‚Zwischen'-Räume stecken das Terrain ab, von dem aus Strategien – individueller oder gemeinschaftlicher – Selbstheit ausgearbeitet werden können, die beim aktiven Prozeß, die Idee der Gesellschaft selbst zu definieren, zu neuen Zeichen der Identität sowie zu innovativen Orten der Zusammenarbeit und des Widerstreits führen." (Bhabha 2000, S. 2)[1]

1 Das Übersetzungskollektiv *Gender et alia* schreibt zur vor allem in den 1990er Jahren gängigen, aber bis heute anzutreffenden Praxis, das eng-

Von Zwischenräumen auszugehen heißt also, dass Identität und Zugehörigkeit nicht festgeschrieben werden, sie werden niemandem zugeschrieben, und so haben alle die Möglichkeit, Positionen einzunehmen, die größer und komplizierter sind als die Boxen von Identität und Zugehörigkeit, in die sie hineingezwängt werden sollen (vgl. Mecheril 2009). Der Bildungswissenschafter Paul Mecheril spricht von einer Wertschätzung und Sensibilität für „das Uneindeutige und Mehrwertige" (ebd, S. 1094). Allerdings macht er dabei auch auf die Gefahr aufmerksam, dass eine Offenheit von Positionen phantasiert werden könnte. Wenn etwa, wie in der Benetton-Werbung, eine schöne, bunte Welt der Konsument_innen vorgegaukelt wird, werden reale, strukturelle und materielle Ungleichheiten und Ausschlüsse oft verleugnet (vgl. Ha 2005).

Wichtig für die in diesem Buch vertretenen Bildungsansätze und „Strategien für Zwischenräume" ist also, dass es sich dabei nicht um neue Formen der Zuordnung und Zuschreibung handelt. „Strategien für Zwischenräume" sind vielmehr Versuche, sich auf das einzulassen, was zwischen Lernenden und zwischen Lehrenden und Lernenden entsteht und darauf, dass wir dies nicht schon vorher kennen können. Sie sind ein Angebot anzuerkennen, dass Lernen nicht innerhalb von Boxen und Zurichtungen stattfinden muss, sondern vielmehr ein Prozess sein kann, in dem voneinander gelernt wird und der Gegenstand „zwischen" den Lernenden verhandelt und angeeignet werden kann.

Auch Ansätze der Kunstvermittlung können helfen, Strategien für Zwischenräume zu verstehen und zu erweitern. Die Kunstvermittlerin Eva Sturm zeichnet in diesem Zusammenhang ein schönes Bild von Zwischenräumen: Sie spricht von dem Gras zwischen

---

lische *race* mit ‚Rasse' zu übersetzen: „Lange schon diskutieren wir, auch mit unseren jeweiligen Auftraggeber_innen, dass der Übersetzung des englischsprachigen Begriffs race ins Deutsche mehr Aufmerksamkeit entgegenzubringen ist. Race wird oft als Rasse oder bestenfalls unter Anführungszeichen, die die Übersetztheit markieren sollen, als ‚Rasse' übersetzt – obwohl doch gemeinhin Einverständnis darüber besteht, dass das deutsche Wort Rasse unumgänglich den Verweis auf den Holocaust und faschistische Ideologien vollzieht. Den englischsprachigen Begriff race kennzeichnet zudem eine jahrelange Geschichte der Wiederaneignung durch ethnisierte, rassisierte Sprecher_innen. […]" (http://www.genderetalia.net/aus-unserer-diskussionspraxis/)

den Pflastersteinen. Es lässt sich nicht am Wachsen hindern, sucht sich seinen Zwischenraum. Sie denkt bei Zwischenräumen auch an das „und“ zwischen zwei Worten: „Und ist laut Duden kopulativ und insofern ein ungeklärter Zustand, tut aber so, als würde er zwei Signifikanten glatt verbinden. In Wahrheit ist es, [...] eher mit ‚Gras zwischen den Pflastersteinen‘ zu vergleichen. Und treibt die Steine auseinander, zwängt sich durch, unterbricht und verbindet.“ (Sturm 2003, S. 49) Und so hilft uns das widerständige „und“ der Kunstvermittlung, im Zwischenraum zu handeln, Verbindendes und Trennendes auszuhalten und auszuhandeln. Die Arbeit im Zwischenraum ist dabei für Eva Sturm auch ein Versprechen: „Räume zu schaffen, in denen Uneinigkeit und Uneinverstandensein kultiviert werden können, in denen noch nicht alles fixiert und in Hierarchien eingeordnet ist.“ (Mörsch/Sturm 2010, S. 4)

Literatur

Hannah ARENDT, Vita activa oder Vom tätigen Leben, Piper, München und Zürich 2002/1960.

Homi K. BHABHA, Die Verortung der Kultur, Stauffenburg-Verlag, Tübingen 2000.

Kien Nghi HA, Hype um Hybridität. Kultureller Differenzkonsum und postmoderne Verwertungstechniken im Spätkapitalismus, transcript, Bielefeld 2005.

Getraud MARINELLI-KÖNIG, Alexander PREISINGER (Hg.), Zwischenräume der Migration. Über die Entgrenzung von Kulturen und Identitäten, transcript, Bielefeld 2011.

Paul MECHERIL, Hybridität, kulturelle Differenz und Zugehörigkeiten als pädagogische Herausforderung, in: Gerhard Mertens, Ursula Frost, Winfried Böhm, Hildegard Macha, Monika Witzke (Hg.), Handbuch der Erziehungswissenschaft. Umwelten (Band III/Teilband 2), bearbeitet von Norbert Meder, Cristina Allemann-Ghionda, Uwe Uhlendorff, Gerhard Mertens, Verlag Ferdinand Schöningh, Paderborn 2009, S. 1085–1096.

Carmen MÖRSCH, Eva STURM, Vermittlung – Performance – Widerstreit, in: Art Edcuation Research Nr. 2/2010, https://www.zhdk.ch/fileadmin/data_subsites/data_iae/ejournal/no_2/Art_Education_Research_1__2__Moersch_Sturm.pdf [21.1.2017].

Eva STURM, Kunstvermittlung und Widerstand, in: Josef Seiter (Hg.), Auf dem Weg. Von der Museumspädagogik zur Kunst- und Kulturvermittlung, schulheft 111, Verein der Förderer der Schulhefte, Wien 2003, S. 44–63.

ver lernen

Alisha M. B. Heinemann und María do Mar Castro Varela

Ambivalente Erbschaften. Verlernen erlernen!

Von „Verlernen" als Teil von Lernprozessen zu sprechen, erscheint vielen, die in pädagogischen Kontexten arbeiten, erst einmal seltsam. Doch zeigt sich schnell, dass die Idee des Verlernens eine kritische Praxis darstellen kann, die als Ziel Demokratisierung und Dekolonisierung hat. Insbesondere im Kontext der kulturellen Bildung wird aus diesen Gründen in jüngster Zeit vermehrt über das Konzept des Verlernens debattiert. Rekurriert wird dabei zumeist auf die postkoloniale Literaturwissenschaftlerin Gayatri Chakravorty Spivak, die an mehreren Stellen in ihren Schriften, in Anbetracht der Wirkmächtigkeit kolonialer und imperialer epistemischer Gewalt, ein Verlernen einmahnt. Es müsse darum gehen, so Spivak, geerbte Privilegien als Verlust zu betrachten. Hier wird die Vorstellung, die in linken liberalen Kreisen durchaus stark vertreten wird, dass nämlich eine gerechte Gesellschaft verlange, Privilegien abzugeben und/oder sich dieser zu schämen, auf den Kopf gestellt. Wenn Privilegien als Erbe und Verlust gleichzeitig betrachtet werden, so entfalten diese nur dann eine destruktive Energie, wenn die Erbschaft nicht als solche reflektiert wird. Werden vorhandene Privilegien also als selbstverständlich genommen und ihre Historizität ignoriert, führt dies zu einer Stabilisierung von Herrschaft und mithin zu einer Verkrustung von Machtlinien. Deswegen ist es politisch notwendig, über Privilegien Rechenschaft abzulegen, sie selbstkritisch zu reflektieren, damit es dann möglich wird, andere, gerechtere Welten zu imaginieren. Was bedeutet es, in einer rassistischen Gesellschaft weiß zu sein? Wie erleichtert die bürgerliche Herkunft das Durchsetzen im akademischen Kontext? Und warum ist es nach wie vor so, dass die Nichthinterfragung von reproduktiver Heteronormativität geradezu unsichtbar soziale Türen öffnet? Das sind nur einige Fragen, die es ermöglichen, Privilegien zu überdenken. Diese im Sinne Spivaks als Verlust wahrzunehmen, erlaubt es, die Produktion marginalisierter Subjektpositionen infrage zu stellen.

Die Privilegienerbschaft antreten bedeutet konkret auf der einen Seite, die eigene Positionierung zu denaturalisieren und stattdessen politisch strukturell zu verstehen und auf der anderen Seite marginalisierte Gruppen weder zu viktimisieren noch zu romantisieren.

Erinnern und Verlernen

„*Unlearning is not forgetting, it is neither deletion, cancellation nor burning off.*" (Bonaventure Soh Bejeng Ndikung, 2016)

Allen anderslautenden Verlautbarungen zum Trotz ist eine theoretisch-intellektuelle Reflexion nicht nur eine Praxis für gelangweilte Intellektuelle, sondern, in Anbetracht der Gewaltförmigkeit des (Lern-)Alltags, ein pädagogisch-politisches Erfordernis. Und es ist eben hier, wo sich eine Praxis des Verlernens einklinkt.

Was bedeutet nun Verlernen? Verlernen ist nicht gleichzusetzen mit Vergessen. Verlernen ist eine aktive kritisch-kollektive Intervention. Es geht dabei darum, hegemoniale Wissensproduktionen zu hinterfragen – und zwar bzgl. Form, Inhalt und Protagonist*innen. Wenn zum Beispiel das Goethe-Institut – als mächtiger Protagonist im Kontext der Sprachvermittlung im Deutschen – in Zusammenarbeit mit dem Auswärtigen Amt der Bundesregierung dem gesellschaftlich hochangesehenen Auftrag nachgeht, die Förderung der Kenntnis deutscher Sprache „im Ausland", die Pflege der internationalen Zusammenarbeit sowie die Vermittlung eines aktuellen Deutschlandbilds zu übernehmen (vgl. Goethe-Institut 2011: 3), dann wäre eine kritische Intervention weniger ein Vergessen als vielmehr die Erinnerung daran, dass das Goethe-Institut ein Nachfolgeinstitut der ‚Akademie zur Wissenschaftlichen Erforschung und Pflege des Deutschtums (Deutsche Akademie)' darstellt. Diese Akademie wurde 1925 in der Weimarer Zeit gegründet, kurz nach dem Ersten Weltkrieg und zu einer Zeit, in der Kolonialismus noch zum Alltagsgeschäft der europäischen Staaten gehörte (vgl. Michels 2006). Ab 1941 unterstand sie dem Reichsminister für Volksaufklärung und Propaganda. „Soweit die Akademie im Auslande tätig wird, kann ihr der Reichsminister des Auswärtigen Richtlinien und Auflagen erteilen" (Reichsgesetzblatt 171, 1941). Sie gehörte also zu jenen Institutionen, die durch ihre Art der Wissensproduktion aktiv an der gewaltvollen Kolonialisierung, Unterdrückung und Ausbeutung unzähliger Länder dieser Welt beteiligt waren. Nachdem die Akademie 1945 geschlossen wurde, wurde das

Goethe-Institut 1951 als Nachfolger gegründet – heute einer der mächtigsten und am besten mit finanziellen Ressourcen ausgestatteten „gemeinnützigen Vereine" in Deutschland. Nachdem es 1976 einen Rahmenvertrag mit dem Auswärtigen Amt unterzeichnet hat, ist eine der Institutsaufgaben unter anderem, den A1-Deutschtest vor Zuzug durchzuführen, um quasi vor Ort schon die Auswahlmaßnahmen für die Deutschen und Österreichischen Ausländer- bzw. Fremdengesetze durchzuführen. Das äquivalente Österreich Institut ist erst 1997 gegründet worden – doch auch dieses arbeitet in der gleichen historischen Linie und ähnlich wie das Goethe-Institut mit den Botschaften zusammen. Fangen wir an zu hinterfragen, *wer* die Protagonist*innen sind, die Bildung anbieten, dann lassen sich auch die Lehrinhalte anders einordnen, neu konzipieren und kritisch denken.

Intervention in die Produktion imperialistischer Subjekte

Bereits in den 1970er Jahren forderte Ivan Illich (2003/1971) eine umfassende Entschulung der Gesellschaft. Was vielen damals wie heute als zu radikal erschien bzw. erscheint – als gäbe es eine adäquate Radikalität –, ist eigentlich eine recht pragmatische Abrechnung mit dem ethischen Versagen (nicht nur) der Bildungsinstitutionen, die ein enormes Kapital verschlingen und von deren Tun dann schließlich nur die profitieren, die ohnehin bessere Chancen haben, weil sie mit dem notwendigen Kapital – ökonomisch, sozial und kulturell – ausgestattet sind. Wer also zuhause zum Lesen und zum Debattieren angehalten wird, diejenigen, die während ihrer Sozialisation ausgestattet werden mit einem unkaputtbaren Selbstbewusstsein, die profitieren von Schule und Beschulung. Spivak bezeichnet dies als die Produktion imperialistischer Subjekte.

Die Anderen aber, die zuhause kein, wenig oder nicht das „richtige" Deutsch sprechen und/oder nicht den Literaturkanon beim Abendbrot diskutieren, bleiben auf der Strecke. Schule macht ihnen schnell bewusst, dass *ihre* Bildung gewissermaßen ein nicht einlösbarer Scheck ist. Was nutzen handwerkliche Fähigkeiten, das Sprechen außereuropäischer Sprachen oder kulturelle Flexibilität? Wenn die hegemoniale Sprache nicht gesprochen wird, wenn die Tischmanieren nicht die richtigen sind und/oder der literarische europäische

Kanon nicht gekannt wird, dann ist die Teilnahme am Bildungswettbewerb fast ausgeschlossen. Pädagogik und ihre Institutionen sind zentraler sozialer Macht- und Herrschaftsort und -technik. Hegemoniale Sprach- und Körperpolitiken privilegieren jene, die Standarddeutsch – gerne immer noch als „Hochdeutsch" bezeichnet – sprechen, das bildungssprachliche Register beherrschen und lange konzentriert sitzen können. Die Disziplinierung des Körpers und Geistes ist die Eintrittskarte in die kapitalistisch-bürgerliche Gesellschaft.

Eine postkoloniale Perspektive, die wir hier als kritische Intervention anlegen, verlangt nach einem differenzierten Verständnis von epistemischer Gewalt. Spivak hat diese einmal kraftvoll als *mindfucking* beschrieben. Damit deutet sie auf die Tatsache, dass epistemische Gewalt den Geist in einer Weise formt, dass er gegen die eigenen kollektiven Interessen funktioniert. Dies ist auch der Grund dafür, warum unterdrückte Gruppen häufig nicht gegen ihre eigene Unterdrückung aufbegehren. Epistemische Gewalt umfasst dabei sowohl die Missachtung als auch die Auslöschung subalternen Wissens und beschreibt zugleich das hegemonial gewordene (westliche) Wissen. Es geht allerdings *nicht nur* darum zu verstehen, wie eurozentrisches Wissen kanonisiert wurde, das Europäer*innen eine zentrale Stellung im Wissensuniversum einräumt und die Reproduktion imperialistischer Subjekte sicherte, sondern auch darum, die Manöver zu verstehen, die es bis heute legitimieren, wie z.B. die philosophischen Schriften Kants zu lehren, *ohne* auf seine aktive rassistische Ignoranz und Gewalt einzugehen, die sich unverhohlen in seinem Werk finden. Verlernen wäre in diesem Zusammenhang die taktische Intervention, die es vermag, in die Produktion imperialistischer Subjekte zu intervenieren.

Verlernen, Lernen, Neulernen. Unordentlich Denken als Strategie

Dekolonisierung des Geistes wird oft als Ziel postkolonialer Intervention genannt. Diese steht in einem direkten Zusammenhang mit einem epistemischen Wandel, der eben nach einem Lernen des Verlernens ruft. Konkret verlangt dies nach einem Aufgeben kapitalistischer Akkumulationspädagogiken (vgl. etwa Freire 1984/1970).

Denn wie Spivak so pointiert bemerkt: „Es ist wichtiger, einen kritischen Geist zu entwickeln, als unmittelbares materielles Wohlbefinden zu sichern." (Spivak 2012a: 65). Wissen, welches nur innerhalb einer Karrierelogik gedacht werden kann und das objektiviert wird, als ginge es darum, nur *mehr* zu haben – ganz gleich welches – zerstört kritisches Denken.

Spivak dagegen beschreibt *education*[1] als die „möglichst zwangsfreie Neuordnung von Begehren" (*uncoercive re-arrangement of desires*, Spivak 2012). Eine Beschreibung, die sich deutlich von Antonio Gramscis Denken beeinflusst zeigt. Es reicht ihr dabei nicht, die Spaltung zwischen der ehemalig kolonisierten Welt und den kolonialen Mächten zu untersuchen. Vielmehr zeigt sie auf, dass Bildung immer noch – oder auch immer mehr – eine Klassenangelegenheit ist. In diesem Zusammenhang spricht sie von „Klassenapartheid" und macht auf die scharfe Grenze aufmerksam, die zwischen den global agierenden Eliten und den Subalternen verläuft. Anhand dieser beiden sich polar gegenüberstehenden Gruppen kann sie eine Bildung, die das Ziel eines epistemischen Wandels verfolgt, skizzieren.

Verlernen, so wie wir es verstehen, zeigt sich verflochten mit der Frage nach kognitiver Gerechtigkeit, wie sie Bonaventura de Sousa Santos stellt. Welche Räume, so ließe sich etwa fragen, sind innerhalb Europas bildungsprivilegiert? Wer hat Zugang zu welchem Wissen? Welcher Geist wird trainiert, welche intellektuellen Subjekte werden hervorgebracht? Was gilt als Wissen? Und wer profitiert von der aktuellen Bildungspolitik?

Schauen wir uns die hegemonialen Diskurse um Bildung in Europa genauer an, so wird deutlich, dass diese selten noch als sozialer Kampfplatz gesehen werden, an dem Klassenpositionierungen reproduziert werden und um Bedeutungen gerungen wird – wie dies etwa bei Louis Althusser (1977) oder Pierre Bourdieu (1982) noch anklingt. „Gute Lehre" ist heute wie „gutes Management": Die „Kund*innen" müssen zufrieden gestellt werden, das Wissen muss unmittelbar nützlich sein. Ideologiekritik oder die Auseinandersetzung mit ethischen Fragen erscheinen dagegen als irrelevant.

1 Education kann auf Deutsch sowohl als „Erziehung" als auch „Bildung" übersetzt werden.

Gleichzeitig wurde das Projekt der sozialen Öffnung von Bildungsräumen, welches in den 1970er Jahren in vielen europäischen Ländern noch Bildungsdiskussionen bestimmte, nach und nach zu Grabe getragen. Dafür triumphiert heute die Meritokratie, die behauptet, dass alle gleichermaßen an Bildung teilhaben können, wenn sie nur wollen und sich anstrengen. Pädagogische Prozesse bedürfen einer dringenden Repolitisierung. Verlernen ist in diesem Zusammenhang auch ein strategisches Unterfangen mit dem Ziel, denjenigen, die nur schamerfüllt auf ihre Bildung zurückblicken und die Demütigungen und Verletzungen, die ihnen die Erziehungsmaschinerie zugefügt hat, nicht vergessen können, dazu ermutigt, Bildung wieder zu begehren. Dafür muss die generelle Rolle, die Bildung im Prozess der Hegemoniebildung spielt, beleuchtet werden, nämlich: die Stabilisierung von Klassengrenzen und die Herstellung eines machtvollen Konsenses, der die Eliten auf ihrer Position sichert. Verlernen impliziert im Sinne Spivaks deswegen auch Abstraktionsfähigkeit. Kurzfristig gedacht, verspricht das pragmatische Lernen Emanzipation, aber de facto ist eine Entsubalternisierung nur möglich, wenn der Geist in Schwingung versetzt wird, die Imaginationshorizonte sich verschieben.

Der hegemoniale Diskurs suggeriert, dass bildungsentfernte Gruppen kein Interesse an Bildung hätten, womit ihr Versagen individualisiert wird – als gäbe es ein natürliches Begehren, ‚dumm' zu bleiben. Eine Ansicht, die rassistischen Vorstellungen gefährlich nahekommt. Begehren jedoch, das wissen wir seit Freud, ist überdeterminiert, es lässt sich nicht auf eine einzige Quelle, einen einzigen Grund zurückführen. Darüber hinaus unterscheidet es sich von dem (Eigen-)Interesse, ja, steht diesem manchmal diametral entgegen. Bildungsprozesse greifen nun in die Begehrensstrukturen ein. Mit den Instrumenten von Strafe und Belohnung – aber auch Beschämung und Ehrung – wird das Begehren gelenkt, das den Körper und den Geist diszipliniert. So kann auch eine anti-intellektuelle Haltung, die die abstrakte Auseinandersetzung leidenschaftlich ablehnt, Ausdruck von Widerstand gegen eine Bildung sein, die als demütigend empfunden wird. Anti-intellektuelle Haltungen sind Symptom einer kapitalistischen Biopolitik, die der arbeitenden Massen bedarf, um deren Arbeitskraft optimal ausnutzen zu können. Das Re-Arrangieren von Begehren, wie es Spivak formuliert, ist deswegen als ein bewusster Umgang mit der Gewalt zu verstehen, die von Erziehungsprozessen ausgeht. Pädagog*innen müssen sich bei dem Versuch, eine Neuordnung der Begehren zu initiieren, dabei als Teil des Gesamtproblems begreifen.

Sprachen Lernen verlernen – Hegemoniale Sprachvermittlung und Linguizismus

Eines der zentralen Arbeitsfelder für Pädagog*innen ist die Sprachvermittlung. Es müssen ‚Fachsprachen' für die unterschiedlichen Unterrichtsdisziplinen vermittelt werden, ‚Fremdsprachen', um eine zukünftige Mobilität und internationale Anschlussfähigkeit der Schüler*innensubjekte zu sichern, die ‚Standardsprache', damit die Sprechweise, die Kinder und Jugendliche in ihrer Lebenswelt erlernt haben und zur täglichen Kommunikation nutzen, von Akzenten und Dialekten ‚befreit' wird, aber vor allem muss die Art des Sprechens in einer Weise beeinflusst und standardisiert werden, dass sie den ‚bildungssprachlichen Normen' entspricht. Abhängig davon, wie viel durch Lehrende und seitens der Schule in die Ausbildung der deutschen Bildungssprache investiert wird (und werden kann), öffnen sich unterschiedliche Türen während – aber vor allem nach – der Schulzeit. Ein gesellschaftlicher Linguizismus, der die Kompetenz von Personen anhand ihrer Fähigkeit misst, die deutsche Bildungssprache standardsprachlich zu beherrschen (vgl. Dirim 2010), führt dazu, dass Lehrende letztlich nicht umhinkommen, diese Fähigkeit auch zu vermitteln. Was hinterfragt werden kann, ist die Art und Weise, in der diese Vermittlung stattfindet. Ist es wirklich sinnvoll, die Variation der deutschen Sprache, die als Standardsprache gilt, auch als die einzige ‚richtige' und ‚korrekte' Form des Deutschen zu vermitteln? Oder ist es vielleicht auch eine Möglichkeit, die vielen unterschiedlichen Sprachigkeiten der Kinder als gleichwertige anzuerkennen – sie darin folglich nicht abzuwerten – und ihnen die deutsche Bildungssprache dennoch als notwendiges Instrument mit auf den Weg zu geben?

Im Rahmencurriculum Deutsch als Zweitsprache und Alphabetisierung, das 2006 in Wien in Zusammenarbeit mit dem Institut für Weiterbildung, der Universität Wien und dem Alfazentrum der VHS Ottakring erstellt wurde und in vielen Aspekten die Kriterien für ein kritisches, hinterfragendes Curriculum durchaus erfüllt, fühlt sich das Autor*innenteam bemüßigt, in den Unterrichtsprinzipien darauf hinzuweisen, dass die Lernenden auch „vollwertige Menschen" seien, die partizipatorisch am Unterricht teilhaben könnten (Fritz u.a. 2006: 16). Steht die Vollwertigkeit von Menschen in Deutsch- beziehungsweise Alphabetisierungskursen also in Frage? So sehr, dass es gegenüber Lehrenden, die in dieses Curriculum schauen, eines expliziten Hinweises Bedarf, der deutlich machen soll, dass eine geringe Sprachkompetenz in der deutschen Sprache nicht gleichgesetzt werden darf mit dem Wert eines Menschen? Und was haben eigentlich jene Pädagog*innen ‚gelernt', die in einer Gesellschaft sozialisiert werden, in der Kinder, Jugendliche und Erwachsene gleichermaßen anhand ihrer Sprachkompetenz im Deutschen gemessen, be- und abgewertet werden? Meist sind sie überzeugt davon, dass sie den ‚Anderen', jenen, die noch nicht zum ‚Wir' der Mehrheitsgesellschaft gehören, helfen müssen. Sie müssen sie darin unterstützen, so zu werden wie ‚wir'– so emanzipiert, so aufgeklärt, so tolerant –, denn nur dann können sie auch irgendwann dazugehören. Dafür gehen sie in Integrations- und Wertekurse und lernen, wie „wir" sind. Dass dies eine paternalistische Illusion ist und bleibt und dass nur wenige die Vorstellung reizt, zu jenem „Wir" zu gehören, welches nur in der Imagination das Edle ist, das es zu sein scheint – das wissen wir aus den vielen Jahren der Sprachvermittlungspraxis. Diese entlässt am Ende in den meisten Fällen solche Menschen aus den Kursen, die genauso wenig dazugehören wie vor dem Kurs. Der pädagogische Fokus müsste somit viel eher darauf liegen, durch das Vermitteln der deutschen Sprache den Schüler*innen und Teilnehmenden Instrumente in die Hand zu geben, mit denen sie selbst sich unabhängiger und selbstbestimmter – gegebenenfalls eben auch im Widerspruch zu dem, was die Mehrheitsgesellschaft an Erwartungen an sie heranträgt – bewegen können. Hiermit wäre schon viel erreicht. Anzuerkennen, dass es nicht um unsere Lehrziele und heimlichen Lehrpläne, sondern um jene der Schüler*innen und Teilnehmer*innen geht, und dieses An-Erkennen auch in die reale Lehrpraxis umzusetzen – ein solches Erkennen wäre beispielsweise Teil eines produktiven (Ver-)Lernprozesses.

In Hegemonie intervenieren

Bildung und Vermittlung sind janusköpfig. Sie reproduzieren hegemoniale Verhältnisse und intervenieren in dieselben. Dies macht sie zu einem machtvollen Instrument.

Dies bedenkend muss Bildung kompliziert sein und Subjekten ermöglichen, Unordentlichkeit und Irritation zu ertragen. Neuordnungen sind anstrengend, sie verunsichern, weswegen eine politische Bildung immer auf Widerstand stößt, auch von Seiten derjenigen, die sie als mehr oder weniger Professionelle betreiben. Sie widersetzt sich den glatten, einfachen Lösungen und sucht Bündnisse, wo diese bisher nicht denkbar waren, um Allianzen zu ermöglichen, die es bisher noch nicht gibt. Die Frage bleibt, wie kann denen, die Bildung als Gewalt erfahren haben, die Notwendigkeit von Theorie und einem Denken im Abstrakten nahegebracht werden? Und wie kann denjenigen, die bildungsprivilegiert sind, verdeutlicht werden, warum dieses Privileg immer auch einen Verlust markiert? Jedes Privileg geht mit der Begrenzung der eigenen Perspektive einher und schränkt das Verständnis etwa für andere Klassenlagen ein. Doch Privilegien zu nutzen bedeutet auch immer, damit rechnen zu müssen, dass die, die bisher davon ausgeschlossen blieben, diese für sich einklagen. Bildung muss mit einem Risiko für die einhergehen, die heute noch uneingeschränkt Zugang dazu haben. Das tun sie nur, wenn sie verstehen, dass Privilegien eben auch Verlust bedeuten. Dafür müssen wir von einem systematischen Lernen (inklusive der Prävalenz didaktischer Methoden) hin zu einem Lernen kommen, dass Bildung politisch denken kann und Lernen nicht als Gegensatz zu Verlernen, sondern vielmehr sieht, dass Erinnerung und Vergessen wichtige Elemente bei der Intervention in die Produktion imperialistischer Subjekte darstellen. Nur dann sind ein epistemischer Wandel und nicht dominante Zukünfte denkbar.

Literatur

Louis ALTHUSSER, Ideologie und ideologische Staatsapparate. Anmerkungen für eine Untersuchung, in: ders., Ideologie und ideologische Staatsapparate. Aufsätze zur marxistischen Theorie, VSA-Verlag, Hamburg 1977.

Pierre BOURDIEU, Die feinen Unterschiede. Kritik der gesellschaftlichen Urteilskraft, Suhrkamp, Frankfurt am Main 1982.

María do Mar CASTRO VARELA, „Strategisches Lernen“, in: Luxemburg. Gesellschaftsanalyse und linke Praxis, Heft 2, 2015, S. 16–23.

María do Mar CASTRO VARELA, Nikita DHAWAN, Postkoloniale Theorie. Eine kritische Einführung, 2. komplett überarbeitete und erweiterte Auflage, Transcript, Bielefeld 2015.

Paulo FREIRE, Pädagogik der Unterdrückten, Rowohlt, Reinbek b. Hamburg 1984/1970.

İnci DIRIM, „Wenn man mit Akzent spricht, denken die Leute, dass man auch mit Akzent denkt oder so.“ Zur Frage des (Neo)Linguizismus in den Diskursen über die Sprache(n) der Migrationsgesellschaft, in: Paul Mecheril (Hg.), Spannungsverhaltnisse. Assimilationsdiskurse und interkulturell-pädagogische Forschung, Waxmann, Münster, München u.a. 2010, S. 91–112.

W.E.B DU BOIS, The Souls of Black Folks, Penguin, New York 1996/1903.

GOETHE-INSTITUT E.V., Der Bildungsauftrag des Goethe-Instituts, München 2011, online unter: http://www.goethe.de/prs/pro/pressemappe11/Der%20Bildungsauftrag%20des%20Goethe-Instituts.pdf [28.10.2016].

Stuart HALL, „Eine permanente neoliberale Revolution?“, in ders.: Populismus, Hegemonie, Globalisierung. Ausgewählte Schriften 5, Argument, Hamburg 2014, S. 228–253.

bell HOOKS, Teaching to Transgress. Education as the Practice of Freedom, Routledge, New York und London 1994.

Ivan ILLICH, Entschulung der Gesellschaft. Eine Streitschrift, C.H.Beck Verlag, München 2003/1971.

Thomas FRITZ, Renate FAISTAUER, Angelika HRUBESCH, Monika RITTER, Rahmencurriculum Deutsch als Zweitsprache & Alphabetisierung, 2006, online unter: https://www.wien.gv.at/menschen/integration/pdf/rahmen-curriculum.pdf [28.10.2016].

Eckard MICHELS, Deutsche Akademie, 1925–1945, publiziert am 31.10.2006; in: Historisches Lexikon Bayerns, online unter: http://www.historisches-lexikonbayerns. de/Lexikon/DeutscheAkademie,_1925–1945 [28.10.2016].

REICHSGESETZBLATT 171, Reichsgesetzblatt 717, Teil 1, ausgegeben zu Berlin, den 22. November 1941, Erlaß des Führers über die Deutsche Akademie, 1941, online unter: https://www.historisches-lexikon-bayerns.de/images/e/ed/Artikel_44466_bilder_value_4_deutsche-akademie1.pdf [28.10.2016].

Boaventura de Sousa SANTOS, Epistemologies of the South, Paradigm, Boulder 2014.

Gayatri Chakravorty SPIVAK, Outside in the Teaching Machine, Routledge, New York/London 1993.

Gayatri Chakravorty SPIVAK, Righting Wrongs – Unrecht richten, diaphanes, Zürich/Berlin 2012a.

Gayatri Chakravorty SPIVAK, An Aesthetic Education. In the Era of Globalization, Harvard, Cambridge 2012b.

Jürgen ZINNECKER, Der heimliche Lehrplan, Beltz, Weinheim 1975.

Ines Garnitschnig und İnci Dirim

Wie lernen und lehren in der heterolingualen Schule?

Wir alle gebrauchen in unserem Alltag unterschiedliche Sprachen und Sprachformen: verschiedene Landes- und Regionalsprachen, Alltagssprachen, Fachsprachen, Familiensprachen, Bildungssprachen, Amtssprachen, Dialekte, Soziolekte ... Wo wir in Kommunikation treten, misst sich der Wert von Sprachen an der Frage, ob sie in der konkreten Situation gültig sind (vgl. Bourdieu 1990/2005). Meist bedeutet das vorwiegend, ob sie zur Verständigung geeignet sind. Es bedeutet aber auch immer in unterschiedlichem Ausmaß, ob sie von den Gesprächspartner_innen akzeptiert werden.

Sprache ist funktional, lebendig und ständig im Wandel begriffen. Insofern sind die Vorstellungen fragwürdig, dass Sprachen eindeutig trenn- und zählbar wären[1], dass Bedeutung festgelegt und eindeutig wäre[2] und dass es einen „richtigen“ und „falschen“ Gebrauch gebe.

1 In der angewandten Linguistik wird deshalb auch mit dem Begriff der ‚Sprachigkeit' gearbeitet (vgl. Busch 2013). Und gleichzeitig führt dies vor Augen, dass die Vorstellung von Erstsprachen, Zweitsprachen und Fremdsprachen die Problematik beinhaltet, dass hier erstens von einer klaren Unterscheidbarkeit ausgegangen wird, die es so oft nicht gibt, und zweitens in der Vorstellung von (Deutsch als) Zweitsprache bereits ein Moment der Aberkennung von sprachlichen Gestaltungsansprüchen enthalten ist (vgl. Springsits 2012, Miladinović 2014). Auch verweisen Formulierungen wie „Kinder mit anderen Erstsprachen als Deutsch“ und noch mehr die nach wie vor oft gebrauchte Wendung „Kinder mit nicht-deutscher Erstsprache“ auf eine Lücke und konstruieren – gerade im Fehlen der Benennung des Bezeichneten – eine Vorstellung von Mangel und Inferiorität. Nicht zuletzt gerät so, obwohl in der Formulierung keine Aussage über die Deutschkenntnisse enthalten ist, aus dem Blick, dass sehr viele Kinder und Jugendliche über mehrere Erstsprachen verfügen, dass diese oft gemischt und kombiniert werden oder auch dass sie Erstsprachen haben, die sie wenig einsetzen – sei es aufgrund von Relevanzverschiebungen, wie sie in Migrationsprozessen selbstverständlich sind oder aufgrund von familiärem Sprachwechsel, wie er etwa bei sprachlich diskriminierten Minderheiten wie den Kurd_innen zu beobachten ist (vgl. Brizić 2009).

2 Die Konzepte der „heterolingualen Adressierung“ (Naoki Sakai) und der „Wiederaufnahme-Modifizierung“ (Frédéric François) nehmen diesen

Und doch orientiert sich Schule – gegen alle Evidenz – weitgehend an einsprachig-deutschsprachigen Schüler_innen und schließt insbesondere migrationsbedingte Mehrsprachigkeit diskursiv und faktisch aus. So forciert sie Logiken der Unterwerfung unter die hegemoniale Sprache.

In amtlich deutschsprachigen Regionen[3] sind Menschen, die migrationsbedingt mehrsprachig aufwachsen, fast durchwegs damit konfrontiert, zusätzliche Barrieren überwinden zu müssen und Schlechterstellung zu erleben (vgl. Dirim/Mecheril 2010). Sie machen als Schüler_innen die Erfahrung, dass ein Großteil ihres sprachlichen Repertoires in der Schule keinen oder kaum Raum hat. Sie sind mit Aussagen und Bildern konfrontiert, die sie ausgehend von ihrer Sprachigkeit als defizitär positionieren. Und viele erleben im deutschsprachigen Unterricht auch, dass sie sich schwer artikulieren können, nicht gut verstanden werden und nicht oder wenig verstehen.

Wir sehen hier auf Seiten der Bildungsinstitutionen eine Gemengelage von ungleichheitsfördernden rechtlichen Rahmenbedingungen, monolingualer Orientierung, fehlenden sprachbezogenen methodisch-didaktischen Überlegungen, mehr oder weniger bewusster Diskriminierung und dem Unvermögen bzw. Unwillen, Schule für alle zu einem gestaltbaren Raum zu machen. So wird Schule besonders für mehrsprachige Schüler_innen als Macht- und Herrschaftsort erfahrbar.[4] Es geht um Meinungen und Haltungen, Routinen und Praxen und nicht zuletzt Gesetze und Verordnungen, die Ungleichheit in der Schule fördern. Um diese Situation zu verändern, braucht es neben anderen Rahmenbedingungen als den gegebenen, z.B. den monolingualen Curricula und Prüfungsformaten, eine Praxis der Anerkennung von Schüler_innen mit unterschiedli-

Aspekt auf (vgl. Bensalah/Suchet 2013).

3 Von „amtlich deutschsprachigen Regionen“ anstelle von „deutschsprachigen Ländern“ wird hier gesprochen, um erstens darauf hinzuweisen, dass zwischen amtlicher Einsprachigkeit im Deutschen und faktischer Mehrsprachigkeit des Alltags ein Spannungsverhältnis besteht und zweitens sichtbar zu machen, dass es regional begrenzt auch weitere Amtssprachen gibt (in Österreich Ungarisch, Slowenisch und Burgenland-Kroatisch), (vgl. Dirim 2015).

4 Siehe hierzu auch den Text von María do Mar Castro Varela und Alisha M. B. Heinemann in diesem Band, S. 28–37.

chen Sprachigkeiten als einander gleichgestellt und ein Eintreten gegen Diskriminierung. Es geht darum, die Frage nach Bedarf und Bedürfnissen aller Schüler_innen zu stellen. Und es geht damit nicht zuletzt darum, Gleichstellung und Solidarität als zentrale Ideale von Bildungsprozessen zu verankern, die wir, Koller (2017) folgend, als Prozesse der Transformation von Selbst- und Weltverhältnissen verstehen. Denn wie soll etwa Demokratielernen geschehen, wenn Lernprozesse in Räumen der Ungleichstellung und der Vereinzelung stattfinden?

Wir wollen uns in diesem Text Möglichkeiten des methodologischen Verlernens und Unbehagens unter Lehrkräften und der daran anschließenden Suche nach Zwischenräumen ihres emanzipatorischen Handelns unter der Voraussetzung migrationsbedingter Mehrsprachigkeit zuwenden. Dies geschieht vor dem Hintergrund des Wissens um die Benachteiligung von Schüler_innen mit DaZ* im Vergleich zu solchen mit DaE*.[5] Ablesbar ist diese Ungleichstellung an der Statistik auf breiter Ebene. So bilden, um einen Fall der Ungleichstellung beispielhaft herauszugreifen, Schüler_innen mit „nicht-deutscher Umgangssprache" in Österreich an Sonderschulen einen Anteil von 31,2 %, gefolgt von Neuen Mittelschulen, an denen diese Schüler_innengruppe mit 28,2 % repräsentiert ist. Etwa gleich hoch ist der Anteil der Schüler_innen „mit nicht-deutscher Herkunftssprache" an Polytechnischen Schulen, nämlich 27,9 %. In der AHS-Unterstufe bzw. -Oberstufe ist dieser Anteil gering, nämlich 17 % bzw. 15,9 % (vgl. Statistik Austria 2015, S. 25).

Im Folgenden beleuchten wir eine Transformation der beschriebenen Problematik der Schlechterstellungen von Schüler_innen, deren Sprachen nicht den Erwartungen des Bildungssystems entsprechen, aus drei Perspektiven: erstens aus subjektivierungskritischer Perspektive, zweitens vor dem Hintergrund des aktuellen Forschungsstands zur Förderlichkeit von Schul- und Unterrichtsmodellen für mehrsprachige Kinder und drittens unter dem Aspekt methodisch-didaktischer Überlegungen zur sprachlichen Förderung unter Bedingungen der monolingualen Schule.

---

5 Mit den Sternchen markieren wir den Konstruktcharakter der Kategorien Deutsch als Zweitsprache und Deutsch als Erstsprache.

Subjektivierung und die Konstruktion des Werts von Sprachen

Sprachen sind, und das wird in Zeiten der Konjunktur ressentimentgeladener, autoritärer und paternalistischer Diskurse quer durch das politische Spektrum besonders deutlich, niemals nur Kommunikationsmittel, sondern immer auch Träger symbolischer Bedeutung. So ist sprachliche Bildung immer schon mit Fragen nach Subjektivierung und Anerkennung verbunden. Die damit einhergehenden Zuschreibungen erzählen uns von der Notwendigkeit, sprachliche Bildung nicht nur auf fachliche und sprachliche Wissenszuwächse hin zu betrachten. Es gilt bei der Konzeption und Durchführung sprachlicher Bildung mitzudenken, welche Rolle hier inferiorisierenden subjektivierenden Effekten zukommt.

Ein Beispiel kann diese Notwendigkeit veranschaulichen. Eine Biologielehrerin führt ein neues Thema ein und sagt zu den Kindern: „Ihr könnt jetzt in Gruppen arbeiten. Aber", fügt sie mit erhobenem Zeigefinger hinzu, „denkt bitte an die Sprache. Nicht nur Kinder aus anderen Ländern in einer Gruppe!"[6]

An dieser Situation wird zweierlei sichtbar: Erstens weiß die Lehrkraft, dass sie auch in einem Fach wie Biologie Sprache mitberücksichtigen muss. Zweitens wird hier deutlich – und das ist der Lehrerin offenbar kaum bewusst –, dass Aktivitäten der Sprachförderung verknüpft sind mit gesellschaftlichen Diskursen um Sprache, Nation und Zugehörigkeit, die hier in die Klasse hineinwirken. In der beschriebenen Situation entstehen also im Zusammenhang mit dem Wunsch, Sprache zu berücksichtigen, Zuschreibungen – an Herkunft (der in diesem Fall durchwegs im Aufenthaltsland geborenen Kinder), an Kompetenz und an Zugehörigkeit.

Gerade bei der Einbeziehung von Mehrsprachigkeit in der Schule vollziehen Lehrer_innen oft Zuweisungen, an denen sich die Wertigkeit und Platzierung von Sprachen in der Schule ablesen lässt. So ist oft zu beobachten, dass Mehrsprachigkeit dort thematisiert und einbezogen wird, wo es um die Bearbeitung wahrgenommener kul-

6 Beobachtung von İnci Dirim im Rahmen eines Expertenratings im Zusammenhang mit dem Forschungsprojekt DaZ-Kom (vgl. Köker et al. 2015)

tureller Andersheit geht – und kaum dort, wo es um fachliche Inhalte geht.

Eine Praxis, die sich – in Kindergärten und Volksschulen auch optisch, etwa durch Kombinationen von Sprachen und Fahnen – deutlich niederschlägt, ist das In-eins-Setzen von Sprache, Nation und Kultur. Diese wird der Spezifität und Multiperspektivität mehrsprachiger, natio-ethno-kulturell[7] pluraler Lebensentwürfe nicht gerecht und suggeriert eine monolinguale, nationale Einheit, die ein Leben in Mehrfachbezügen zur Abweichung macht – obwohl es die Regel ist. So verstärken schulische Praxen die „phantasmatische Erzeugung von ‚Wir' und ‚Nicht-Wir'" (Mecheril 2013).

Wie können wir also Sprachförderung betreiben, ohne mehrsprachige Schüler_innen als unterlegen zu positionieren? Unter der Leitperspektive von „Differenzfreundlichkeit" und „Zuschreibungsreflexivität" (Mecheril 2010) geht es vom sprachlichen Blickwinkel aus darum, die Differenzen der sprachlichen Zugänge zum Deutschen zu berücksichtigen und dabei Zuschreibungen zu vermeiden, die die Kinder als Unkundige, als Andere, als das Nicht-Wir kategorisieren. Grundlage dieser Perspektive ist ein subjektivierungskritischer Ansatz: Wissensaneignung ist niemals nur Aneignung von Fachwissen, sondern immer auch Wissen über sich selbst – vor allem über die eigene soziale Position. Was vermitteln also Arbeitsweisen, Materialien und Curricula den Schüler_innen darüber, wer sie sind? Aus dieser Perspektive kann in den Blick rücken, wie diskursgeformt und identitätsrelevant pädagogisches Handeln ist und wie bedeutsam es ist, Bilder und Botschaften, die im Zusammenhang mit Sprachförderung entstehen, zu reflektieren und solche Vorgehensweisen zu wählen, in denen Inferiorisierungen und Überlegenheitsphantasien reduziert statt unterstützt werden.

Und gleichzeitig stoßen wir hier an Grenzen. Solange Migrationssprachen auf „Fremdheit" produzierende Aspekte schulischen Lernens festgelegt und nicht als eigenständiger Bildungswert wahrgenommen werden, werden alle Menschen durch sich verstärkende Ungleichheit behindert und damit wird gesellschaftliche Spaltung

7 Der Begriff „natio-ethno-kulturell" macht den Konstruktionscharakter der Kategorien Nation, Ethnie und Kultur ebenso sichtbar wie ihre analytische Unschärfe (vgl. Mecheril 2004, S. 20).

befördert (vgl. Picket/Wilkinson 2016). Solche nicht zuletzt demokratiepolitisch bedenklichen Entwicklungen lassen sich nur umkehren, wenn Migrationssprachen – auch auf der Basis rechtlicher Bestimmungen – konkrete Funktionen wie die Vermittlung von Fachinhalten zugesprochen werden und sich darauf aufbauend Ausbildungsmöglichkeiten, Forschung, Unterrichtsmodelle und didaktisch-methodische Zugänge entwickeln lassen.

Ein- und mehrsprachige Schul- und Unterrichtsmodelle und vernetztes Sprachen-/Lernen

Im Vergleich monolingualer und bilingualer Schulmodelle kommen Studien aus den USA zum Ergebnis, dass bilinguale Schulmodelle deutlich bessere Bedingungen für zweisprachig aufwachsende Kinder bieten als monolinguale (vgl. Reich/Roth 2002, 17f.) und zwar sowohl im Hinblick auf sprachliche Fortschritte als auch auf schulische Erfolge. Und während sich der Großteil der Studien zu bilingualen Unterrichtsmodellen auf bilinguale Gebiete mit autochthonen Minoritäten bezieht (etwa solche, in denen Spanisch und Englisch gesprochen wird), zeigen auch Beispiele aus migrationsbedingt heterogenen Stadtteilen in Deutschland die positive Wirkung bilingualer Unterrichtsmodelle auf die Bildungsprozesse aller Kinder auf – und zwar auch für Kinder, die im Familienkontext andere Sprachen als Deutsch und die unterrichteten gebrauchen. Es kann vermutet werden, dass dies ein Effekt der fundierten Überlegungen und Konzepte zu Sprache und Sprachförderung ist (vgl. Dirim et al. 2011). Am deutlichsten ungleichheitsfördernd sind demzufolge monolinguale Modelle, die wenig Unterstützung in der Aneignung der Unterrichtssprache bieten (ebd.) – und hier ist wiederum anzunehmen, dass die sich darin ausdrückende Haltung in mehreren Weisen negativ wirkt: erstens weil sie nicht an den Bedürfnissen der einzelnen Schüler_innen ansetzt und zweitens weil sie den völlig funktionalen und kompetenten Sprachgebrauch mehrsprachiger Schüler_innen, die Mittel aus verschiedenen Sprachen kombinieren und alternierend einsetzen, zu einer Abweichung macht.

Erfolg versprechend ist dagegen die Einbindung von Migrationssprachen in Weisen, die diesen eine aktive Rolle als Medium des Lernens zuweisen – sei es, indem verschiedene Unterrichtsfächer in

Migrationssprachen angeboten werden, indem Kommunikationsprozesse für die Verwendung von verschiedenen Sprachen geöffnet werden,[8] indem im Sinne der Bewusstwerdung sprachlichen Lernens das explizite Vergleichen von Sprachen in den Sprachenfächern ermöglicht wird,[9] indem Sprach- und Fachunterricht verzahnt werden oder Deutschförderung mit Bezügen zu den verschiedenen Unterrichtsfächern gestaltet wird (vgl. Gogolin/Lange 2010 und Dirim/Mecheril 2010). Räume für offenes Lernen, Lehrer_innen bzw. Lernbegleiter_innen, die Vertrauen in die Kompetenzen und Lernwege der Schüler_innen haben und Kontrollverlust aushalten sowie demokratische Schulkulturen tragen zum Gelingen solcher Ansätze bei.

Der neue und an New Yorker Schulen erfolgreich implementierte Ansatz der Berücksichtigung des Translanguaging trägt zu einer Öffnung von bilingualen Modellen für die Sprachigkeit der Schüler_innen jenseits nationalstaatlicher Sprachenmodelle bei (Otheguy et al. 2015).

Zur Didaktik sprachlicher Bildung in mehrsprachigen Klassen

Eine – wie im Ansatz des Translanguaging realisierte – mehrsprachige Unterrichtspraxis lässt sich in amtlich deutschsprachigen Gebieten nur langsam etablieren – aufgrund mangelhafter rechtlicher Rahmenbedingungen, geringer gesellschaftlicher Akzeptanz, fehlender Sprachkenntnisse der Lehrkräfte und auch angesichts fehlender spezifischer sprachlicher und fachlicher Ausbildungsmöglichkeiten zur Gestaltung solcher Unterrichtseinheiten. Bis dahin braucht es auch methodisch-didaktische Überlegungen dazu, wie Schüler_innen mit der deutschen Sprache so arbeiten können, dass diese Sprache möglichst wenig zur Barriere wird.

Seit Jahrhunderten sind Lehrer_innen damit konfrontiert, dass Schüler_innen unterschiedliche Voraussetzungen in den Unterricht mitbringen. Und seit Jahrhunderten müssen sie in einem Rahmen

8 Detaillierte Transkriptionen von türkisch-deutschen Unterrichtsinteraktionen sind der Dissertation von Dirim (1998) zu entnehmen.

9 Krumm und Reich (2011) plädieren hierzu für ein eigenständiges Unterrichtsfach.

arbeiten, in dem diese Vielfalt an Wissen und Kompetenzen zumeist ignoriert und durch eine Fiktion vom ‚Normalschüler' ersetzt wird. Unterschiedliche Kompetenzniveaus im Deutschen wahrzunehmen, ernst zu nehmen und fundiert in die Unterrichtsgestaltung einzubeziehen, wären Vorgehensweisen, um der Benachteiligung jener Schüler_innen, die hier in allen Fächern Unterstützung benötigen, entgegenzuwirken.

Die spezifische Perspektive auf die Sprache der Schule, die sich aus Alltagssprache, Fachsprache[10] und fächerübergreifender Bildungssprache[11] zusammensetzt, ermöglicht gerade hier auf der einen Seite eine produktive Verschiebung: Fachsprache und Bildungssprache, auf deren Register schulische Arbeit zentral ausgerichtet ist und an denen sich sprachliche Bildungsprozesse orientieren sollten (vgl. Gogolin/Lange 2010), können in ihrer Differenz zur Alltagssprache wahrgenommen und vor dem Hintergrund dieser alle Schüler_innen betreffenden Besonderheiten und Komplexität vermittelt werden. Denn die Bildungssprache ist wesentlich komplexer und eben alltagsferner als die Alltagssprache und stellt damit alle Kinder vor spezifische Herausforderungen. Und auch wenn die rechtlichen Rahmenbedingungen etwa in Österreich für Quereinsteiger_innen ins österreichische Schulsystem lediglich eine sprachliche Förderung über zwei Jahre vorsehen (vgl. Schulunterrichtsgesetz), legen Studien zum Zweitspracherwerb des Englischen bereits nahe, dass Schüler_innen, während sie den Erwerb der Alltagssprache (auch ohne explizite Förderung) in einem Zeitraum zwischen einem halben Jahr und zwei Jahren bewältigen, für den Erwerb der Bildungssprache fünf bis acht Jahre begleitet werden sollten (vgl. Gogolin/Lange 2010, S. 13 sowie Konzept der „durchgängigen Sprachbildung", ebd.).

Hierin wird aber auch die andere, untrennbar damit verbundene Seite deutlich: Bildungssprache ist auch ein Instrument von Herr-

10 Jedes Fach verfügt über eine eigene Fachsprache, die fachspezifische Register beinhaltet.

11 „Bildungssprache ist eine Art, Sprache zu verwenden, die durch die Ziele und Traditionen der Bildungseinrichtungen geprägt ist. Sie dient der Vermittlung fachlicher Kenntnisse und Fähigkeiten und zugleich der Einübung anerkannter Formen der beruflichen und staatsbürgerlichen Kommunikation". (Reich 2008 in Gogolin/Lange 2010, 7).

schaft und Ausgrenzung. Um Bildungsspracherwerb emanzipatorisch zu gestalten, braucht es daher ein Zusammendenken von Aneignung und Hinterfragung.

Eine Strategie, welche die notwendige individuelle Abstimmung auf die sprachlichen Möglichkeiten einzelner Schüler_innen in der Unterrichtssprache im Prozess des Bildungsspracherwerbs ermöglicht, ist das ‚Scaffolding': Schüler_innen wird ein ‚Gerüst' bereitgestellt, dass es ihnen ermöglicht, die nächste Stufe ihrer sprachlichen Entwicklung zu erlangen, indem anknüpfend an bereits Erreichtes gemeinsam neues Wissen und erweiterte Fähigkeiten aufgebaut werden (Gogolin/Lange 2010, S. 31f., Quehl/Trapp 2013). Dies kann beispielsweise so geschehen, dass Schüler_innen, die sich die subordinierenden Konjunktionen des Deutschen aneignen müssen, im Unterricht eine Übersicht dieser Konjunktionen (z.B.: „weil") verwenden, solange sie dies brauchen.

Die Frage, wie mit sogenannten Fehlern umgegangen wird, ist ebenso zentral. Schüler_innen entwickeln im Zuge des Erwerbs von Sprache jeweils die konkreten Sprechformen, die an ihre Situation angepasst sind, die für sie funktional sind. Wenn wir uns eine Schule vorstellen, an der diese Tatsache ernst genommen wird, dann erübrigt sich die Idee des Falschen. Aus pädagogischer Perspektive geht es jeweils um die Singularität der Situation (Özayli/Ortner 2015, S. 211) und um die Frage, ob eine Korrektur Handlungsfähigkeit vergrößert oder ihr entgegensteht.

Lehrer_innen, die ihre eigene Praxis der Sprachbildung in der Bildungssprache Deutsch verbessern möchten, steht demnächst auch ein Testverfahren zur Verfügung, das ein Team von Wissenschafter_innen an der Universität Bielefeld im Rahmen des Projekts DazKom am Beispiel des Fachs Mathematik entwickelt (vgl. Köker u.a. 2015).

Strategien für Zwischenräume

Wir haben versucht, Idealbilder, Perspektiven und pädagogische Vorgehensweisen aufzuzeigen, um zu einer Verschiebung im Umgang mit Mehrsprachigkeit in der Schule beizutragen, die Sprachigkeit, Verständigung und Singularität ins Zentrum stellt, pädagogische Professionalität erhöht und ein Mehr an emanzipatorischen

Bildungsprozessen mit dem Ziel einer demokratischeren Gesellschaft möglich macht. Schule ist heute weit von diesen Ansprüchen entfernt – und das ganz besonders da, wo es um heterolinguales Sprechen geht. Und so bleiben uns die Zwischenräume des gemeinsamen Handelns, für die wir Strategien entwerfen und sammeln, im Großen und im Kleinen. Dabei geht es – zwischen sprachbezogenen Lernzielen und der Bedeutung der konkreten Situation, zwischen Lehrplänen und Interessen und Wünschen der Schüler_innen, zwischen mächtigen sprachbezogenen Diskursen und der Frage emanzipatorischen Handelns – oft darum, das Ziel, das doch so weit entfernt liegt, nicht aus den Augen zu verlieren. Es geht um Relevanz, Begehren und Ermächtigung beim Nachdenken über Inhalte und Formate. Und es geht um Offenheit, Reflexivität und Dissens als Ausgangspunkte für solche Bildungsprozesse (Sternfeld 2015). Wenn wir diesen Zugängen im Umgang mit Sprachigkeit in Bildungsprozessen Raum geben, sie üben und einfordern, stärken und verbreiten, vergrößern sich die Möglichkeiten für Lernen und Verlernen für alle.

Literatur

Gülden AYGÜN-SAGDIC, Oana BAJENARU, Claus MELTER, Gedanken zum Verhältnis von Rassismus, nationalsprachlicher Diskriminierung und Neolinguizismus, in: Nadja Thoma, Magdalena Knappik (Hg.), Sprache und Bildung in Migrationsgesellschaften, transcript, Bielefeld 2015, S. 109–129.

Amina BENSALAH, Myriam SUCHET, Wiederaufnahme-Modifizierung bzw. heterolinguale und heterophone Intertextualität in einigen von „Rapper_innen" geschriebenen und performten Texten, 2013, http://eipcp.net/transversal/0513/bensalah-suchet/de (15.1.2017).

Pierre BOURDIEU, Was heißt sprechen? Zur Ökonomie des sprachlichen Tausches, 1990, 2., erweiterte und überarbeitete Aufl., Braumüller, Wien 2005.

Katharina BRIZIĆ, „Multilingual Cities" in Wien. Bericht zur Sprachenerhebung in den 3. und 4. Volksschulklassen. Unveröffentlichter Vorbericht. Akademie der Wissenschaften, Wien 2009.

Brigitta BUSCH, Mehrsprachigkeit, UTB, Wien 2013.

İnci DİRİM, „Var mı lan Marmelade?" Türkisch-deutscher Sprachkontakt in einer Grundschulklasse, Waxmann, Münster u.a. 1998.

İnci DİRİM, „Wenn man mit Akzent spricht, denken die Leute, dass man auch mit Akzent denkt oder so." Zur Frage des (Neo-)Linguizismus in den Diskursen über die Sprache(n) der Migrationsgesellschaft, in: Paul Mecheril,

İnci Dirim, Mechthild Gomolla, Sabine Hornberg, Krassimir Stojanov (Hg.), Spannungsverhältnisse. Assimilationsdiskuse und interkulturell-pädagogische Forschung, Waxmann, Münster u.a. 2010, S. 91–112.

İnci DİRİM, Umgang mit migrationsbedingter Mehrsprachigkeit in der schulischen Bildung, in: Rudolf Leiprecht, Anja Steinbach (Hg.), Schule in der Migrationsgesellschaft. Ein Handbuch, Band 2: Sprache – Rassismus – Professionalität, Debus Pädagogik, Schwalbach/Ts. 2015, S. 25–48.

İnci DİRİM, Marion DÖLL, Ursula NEUMANN, Bilinguale Schulbildung in der Migrationsgesellschaft am Beispiel der türkisch-deutschen Grundschulklassen in Hamburg, in: Ludwig M. Eichinger, Albrecht Plewnia, Melanie Steinle (Hg.), Sprache und Integration. Über Mehrsprachigkeit und Migration, Gunter Narr, Tübingen 2011,

İnci DİRİM, Paul MECHERIL, Die Schlechterstellung Migrationsanderer: Schule in der Migrationsgesellschaft, in: Paul Mecheril, María do Mar Castro Varela, İnci Dirim, Annita Kalpaka, Claus Melter, Migrationspädagogik, Beltz, Weinheim 2010, S. 121–138.

Ingrid GOGOLIN, Imke LANGE, Durchgängige Sprachbildung. Eine Handreichung. Unter Mitarbeit von Dorothea Grießbach, Waxmann, Münster et al. 2010.

Anne KÖKER u.a., DaZKom – Ein Modell von Lehrerkompetenz im Bereich Deutsch als Zweitsprache, in: Barbara Koch-Priewe, Anne Köker, Jürgen Seifried, Eveline Wuttke (Hg.), Kompetenzen von Lehramtsstudierenden und angehenden Erzieher/innen, Klinkhardt, Bad Heilbrunn 2015, S. 177–206.

Paul MECHERIL, Einführung in die Migrationspädagogik. Beltz, Weinheim 2004.

Paul MECHERIL, Anerkennung und Befragung von Zugehörigkeitsverhältnissen. Umriss einer migrationspädagogischen Orientierung, in: Paul Mecheril, María do Mar Castro Varela, İnci Dirim Annita Kalpaka, Claus Melter, Migrationspädagogik, Beltz, Weinheim 2010, S. 179–191. Paul Mecheril, Was ist Migrationspädagogik? Vortrag auf der Fachtagung „Ehrenamtliche Bildungsbeauftragte: interkulturelle Akteure für die Verbesserung der Bildungsintegration“, Bonn, 17.11.2012, http://bildung-interkulturell.de/cweb/cgi-bin-noauth/cache/VAL_BLOB/9459/9459/6318/Was%20ist%20Migrationsp%C3%83%C2%A4dagogik_MOZAIK_Mecheril.pdf

Paul MECHERIL, Von der interkulturellen zur migrationsgesellschaftlichen Öffnung – rassismuskritische Perspektiven (Vortrag), München 2013, http://www.pi-muenchen.de/fileadmin/bilder/andere/symposium2013/PDFs/Vortrag_Tag_2_0_M.pdf.

Dragan MILADINOVIĆ, „Deutsch ist meine Zweitsprache?“ Terminologische Zuschreibungen und ihre gesellschaftliche Rolle. Masterarbeit der Universität Wien. Wien 2014.

Ricardo OTHEGUY, Ofelia GARCÌA, Wallis REID, Clarifying translanguaging and deconstructing named languages: A perspective from linguistics, in: Applied Linguistics Review 6 (3), 2015, S. 281–307.

Kate PICKET, Richard WILKINSON, Gleichheit. Warum gerechte Gesellschaften für alle besser sind, Haffmans & Tolkemitt, Berlin 2016.

Thomas QUEHL, Ulrike TRAPP, Sprachbildung im Sachunterricht der Grundschule. Mit dem Scaffolding-Konzept unterwegs zur Bildungssprache, Waxmann, Münster u.a. 2013.

Hans H. REICH, Hans-Joachim ROTH, Spracherwerb zweisprachig aufwachsender Kinder und Jugendlicher. Ein Überblick über den Stand der nationalen und internationalen Forschung. Hamburg 2002, https://www.foermig.uni-hamburg.de/pdf-dokumente/spracherwerb.pdf (16.1.2017).

STATISTIK AUSTRIA, Bildung in Zahlen 2013/14. Schlüsselindikatoren und Analysen, Wien 2015, https://www.bmb.gv.at/ministerium/vp/2015/20150422a.pdf?4ut4xd (4.3.2017).

SCHULUNTERRICHTSGESETZ, geltende Fassung 2017, https://www.ris.bka.gv.at/Geltende Fassung.wxe?Abfrage=Bundesnormen&Gesetzesnummer=10009600 (12.1.2017).

Birgit SPRINGSITS, Deutsch als Fremd- und/oder Zweitsprache? (K)eine Grenzziehung. In: ÖDaF-Mitteilungen 01/2012, S. 93–103.

Nora STERNFELD, Kontaktzonen der Geschichtsvermittlung. Transnationales Lernen über den Holocaust in der postnazistischen Migrationsgesellschaft, Zaglossus, Wien 2013.

Erol Yıldız

Stadt ist Migration. Urbane Alltagspraxen als Ausgangspunkte für Bildungsprozesse

Stadt ist Migration

In Wiener U-Bahn-Stationen brachte kürzlich ein Plakat die komplexe Beziehung von Stadt und Migration auf den Punkt: „Ach Wien, ohne uns Fremde, Migranten, Zugewanderte, hättest Du weder Vergangenheit noch Zukunft."

Zwar wird Mobilität allseits als Erfordernis unserer globalisierten Welt beschworen, transnationaler Migration und Zuwanderung wird aber weiterhin mit Argwohn und Ablehnung begegnet. Nahezu unreflektiert erstreckt sich dieser hegemoniale Blick auch auf Stadtviertel oder Straßenzüge, die sichtbar von Migration geprägt sind und in denen inzwischen die Nachkommen von Zuwander_innen bereits in der 3. Generation leben. Schnell werden solche Quartiere als Problemviertel abgetan, geraten langfristig in Verruf. Es wäre absurd, von abgeschlossenen, homogenen Parallelwelten zu reden. Urbane Strukturen motivieren, ja nötigen Menschen in den verschiedensten Kontexten zum Austausch. Netzwerke des Handels, der Gastronomie und anderer Unternehmungen verbinden die Stadtteile mit dem größeren Umfeld – auch über nationale Grenzen hinweg. Es sind Strukturen und informelle Gestaltungsräume, mit denen Migrant_innen und deren Nachkommen aktiv zur Entwicklung von Urbanität beitragen und durch die vor allem Großstädte ein weltoffenes Image erlangen.

Gerade die großen Schritte in der Entwicklung und Urbanisierung von Städten sind immer mit dem Zuzug von Menschen einhergegangen, die neue Ideen, Sichtweisen und Impulse mitbrachten. Aus historisch-ethnographischer Perspektive beschreibt Erwin Orywal (2007) die Kölner Migrationsgeschichte, die Sozialgefüge und Alltagskultur der Stadt ständig gewandelt und eine Diversität hervorgebracht hat, die durchaus als Ergebnis einer zweitausendjährigen Zuwanderung angesehen werden kann.

Oder nehmen wir Wien: Die anlässlich der Sonderausstellung

des Historischen Museums der Stadt zur Geschichte und Gegenwart der Zuwanderung nach Wien Mitte der 1990er Jahre veröffentlichten Beiträge belegen aus unterschiedlichen Perspektiven, welche Rolle Migrationsbewegungen für die Entwicklung, Urbanisierung und Diversifizierung von Wien gespielt haben (vgl. Museen der Stadt Wien 1996). „Wien ist also de facto seit Jahrhunderten eine der kosmopolitischsten Städte Europas. Man könnte sogar sagen: Migration prägt hier nicht die Stadt. Migration ist die Stadt." (Kron 2014, S. 5)

Diese Beispiele demonstrieren, dass Sesshaftigkeit über mehrere Generationen ein Mythos ist. Mobilitätserfahrungen und die damit verbundene Diversität haben das urbane Zusammenleben seit jeher geprägt. Heute ist jede dritte Lebensgeschichte in Großstädten eine von Migration geprägte.

Das Sehnsuchtsbild der „europäischen Stadt", die das Ideal einer einheitlichen, territorial definierten und kulturell integrierten Stadtgesellschaft verkörpert, hat durch die neuen weltweiten Öffnungsprozesse wesentlich an Überzeugungskraft verloren und deutet auf eine weitere wichtige Entwicklungsdynamik hin, nämlich auf den Zusammenhang zwischen Urbanisierung und Globalisierung (vgl. Berking 2002, S. 12).

Im Gegensatz zur faktischen Diversität bezweckt das nationalstaatliche Denken bis heute die Eliminierung von urbaner Komplexität und die Marginalisierung von Phänomenen, die Eindeutigkeit und Homogenität der nationalen Bindung gefährden könnten (vgl. Morley und Robins 2002, S. 555). Daher wird im nationalstaatlich orientierten politischen Diskurs der konstitutive Beitrag migrationsbedingter Mobilitätsbewegungen zur Pluralisierung, Diversifizierung und Hybridisierung urbaner Räume bis heute weitgehend ignoriert und weiterhin an dem ewigen Dogma der Sesshaftigkeit festgehalten.

Entdramatisierender Blick auf Urbanität

Durch permanente und widersprüchliche Mischungen entstehen neue urbane Räume, die sich als Zwischenräume vorstellen lassen. Sie sind Orte, an denen radikale Differenzen und Widersprüche aufeinanderprallen. Zu Recht hat Henri Lefebvre (1972, S. 128) das

Städtische als Ort definiert, „wo die Unterschiede sich kennen, sich erkennen, erproben […].“ Diese durch Diversität geprägten urbanen Wirklichkeiten gleichen dem, was Edward Said (1990) „atonales Ensemble“ nannte: Die alltägliche Realität kann am besten charakterisiert werden durch radikale Vielfalt, Mehrdeutigkeit, Ambivalenz und Widersprüche. Die urbanen Kontexte, in denen sich die Einzelnen bewegen, handeln und leben, eröffnen in ihren Kombinationsmöglichkeiten überhaupt erst so etwas wie die Einzigartigkeit des Individuums. So bildet sich ein „Beobachtungshorizont“ (Beck 1997), der neue Inkorporations- und Verortungsstrategien zulässt, die über das Lokale, Regionale und Nationale hinausgehen und die Alltagspraxis mit der Welt verbinden. Gerade (post-)migrantische Lebensentwürfe und Alltagspraxen sind Beispiele dafür, wie sich solche Transtopien formieren, wie weltweite Bezüge hergestellt werden, wie mehrheimische Zugehörigkeiten zustande kommen und welche Rolle sie für die Menschen in ihrem Alltag spielen. Die folgenden biographischen Beispiele sollen dies zunächst demonstrieren:

„Ich bin schon sehr viel herumgekommen. Als ich zwei Jahre alt war, verließ ich mit meiner Familie Aserbaidschan und kam nach Polen. […] Ein Teil der Familie lebt noch dort. Nachdem wir eine Zeit lang in Polen waren, lebten wir in Tschechien. Leider mussten wir auch dieses Land bald verlassen, da meine Eltern dort nicht arbeiten konnten. Als ich neun Jahre alt war, sind wir nach Österreich gekommen. Nach etwa zwei bis drei Monaten habe ich die deutsche Sprache gelernt. Ich liebe es, viele Sprachen zu sprechen. Ich kann Aserbaidschanisch durch meinen Vater, Türkisch, Englisch, Deutsch, Russisch und ein wenig Tschechisch. […] Mit einer Freundin meiner Mutter zum Beispiel spreche ich Russisch, um in Übung zu bleiben. Außerdem möchte ich noch Spanisch, Italienisch und Französisch lernen […].“ (Schülerin (16) aus Klagenfurt, Sautter 2012, S. 23)

„Mein Vater stammt aus Albanien und meine Mutter ist Serbokroatin. Weil mein Vater Verwandte in der Schweiz hat, ist er immer schon viel gereist. Er hat auch dort gearbeitet, schon bevor ich geboren bin. Als ich ein Jahr alt war, sind wir nach Klagenfurt gekommen. Meine Familie ist ziemlich international. Verwandte haben wir fast überall, in der Schweiz, in Bulgarien, in Kroatien, in Italien, in New

York. Die eine Tante ist Türkin, die andere ist Bosnierin, die nächste ist Bulgarin. Es ist ein großes Mischmasch, verstreut in der ganzen Welt. [...] Viele Leute im Kosovo sind mit mehreren Sprachen aufgewachsen. Wenn ich in meinem Heimatort anfangen würde, Türkisch zu reden, würde man mir auf Türkisch antworten, würde ich Kroatisch reden, würde man mir auf Kroatisch antworten. [...]" (Schülerin (17) aus Klagenfurt, Sautter 2012, S. 25)

Hier zeigen sich die kreativen Potentiale von Lebenskonstruktionen, die durch Migrationsbewegungen entstanden sind und im urbanen Alltag heute eine gelebte Normalität darstellen. Durch transnationale familiäre Netzwerke und deren Nutzung werden neue Kompetenzen entwickelt, soziales und kulturelles Kapital akkumuliert. Transnationale Räume werden zu Möglichkeitsräumen (vgl. Schiffauer 2006, S. 169ff.). So werden „bewegte Zugehörigkeiten" (Strasser 2009) und weltweit gespannte mehrheimische Verbindungen zu einem komplexen, vielschichtigen und hybriden Phänomen und somit zu einer biographischen Ressource in einer globalisierten Welt. Aus diesen Netzwerken und Lebensentwürfen entstehen neue Formen, die die Betroffenen aus unterschiedlichen Elementen auf lokaler Ebene reflexiv zusammenfügen. Solche Lebensentwürfe verweisen auf eine Lebenspraxis, die der Wirklichkeit der globalisierten Welt nicht hinterher hinkt, sondern sie vorantreibt (vgl. Apitzsch 1999, S. 482).

Das Leben zwischen oder in unterschiedlichen Welten, das bisher vor allem im Migrationskontext als „Zerrissenheit" oder „Leidensprozess" dramatisiert wurde, erfährt jetzt eine biographische Relevanz für die Betroffenen und wird möglicherweise zu einer passenden Metapher für die kosmopolitischen Zeichen der Zeit. In diesem Sinne stellt Regina Römhild (2003, S. 14) zutreffend fest: „Es ist die Illusion der Sesshaften, dass man sich räumlich und kulturell auf ein Territorium festlegen muss, um eine Antwort auf die Frage der Identität zu finden."

Neben den Möglichkeiten, die solche weltweiten Verbindungen für die Individuen im Alltag bieten, gibt es allerdings die vielerorts verschärften Grenzen der Nationalstaaten oder die hoch gesicherten Außengrenzen der Europäischen Union und die damit einhergehende Kontrolle von Mobilität, zusätzlich Diskriminierungen ökonomischer und politischer Art, die Migration zu unterbinden versuchen.

Mehrheimische Alltagspraxis als Bildungsprozess

Die Kinder und Enkelkinder der Gastarbeiter_innengeneration formulieren neue Perspektiven und beginnen, ihre eigenen Geschichten zu erzählen (vgl. Terkessidis 2004). Darin setzen sie sich sowohl mit der Migrationsgeschichte ihrer Eltern und Großeltern als auch mit ihren eigenen Lebensbedingungen auseinander, entwickeln neue Lebensentwürfe und Strategien zur gesellschaftlichen Verortung. Auf diese Weise schaffen sie auch urbane Räume, die beschränkten Vorstellungen zu Migration und Integration entgegenstehen. Dieses neue Verständnis und die Strukturen, die daraus hervorgehen, könnte man als „postmigrantisch" bezeichnen.

Jugendliche und Heranwachsende, die sich als „mehrheimisch" fühlen, sehen sich als Kölner_innen, Berliner_innen oder Wiener_innen und entwickeln eine provokante autonome ‚Kanak_innenkultur' oder ‚Tschusch_innenkultur', eine Art kollaborativer Wissensproduktion (vgl. Yıldız 2010). Hier schließe ich an Michel Foucault, Stuart Hall und Judith Butler an, die die subversive Dimension des Handelns, die darin enthaltenen Widerstandspotentiale in den Mittelpunkt rücken. Es geht um eigensinnige Alltagspraktiken und Strategien und deren Relevanz für mehrheimische Lebenspraxis und gesellschaftliche Verortung.

Unterschiedliche Verortungspraxen werden dabei sichtbar. Einige Jugendliche und Heranwachsende identifizieren sich mit den territorial stigmatisierten Stadtvierteln, in denen sie geboren und aufgewachsen sind. Andere setzen sich mit der Migrationsgeschichte der Eltern bzw. Großeltern kritisch auseinander und generieren neue Erzählungen. Es gibt Jugendliche und Heranwachsende, die mit den zugeschriebenen Klischees kreativ, provokativ und ironisch umgehen, sie umdeuten und daraus widerständige Praktiken entwickeln. Bei anderen wiederum wird die Selbstethnisierung zu einem politischen Moment. Sie positionieren sich bewusst zwischen und in unterschiedlichen Welten und sehen das als ihre Stärke.

Das Widerständige besteht hier in einer kreativen Auseinandersetzung mit dem vorherrschenden Wissen der Dominanzgesellschaft in der Absicht, dieses zu dekonstruieren.

Die Beispiele zeugen davon, dass Jugendliche und Erwachsene der 2. und 3. Generation sich nicht passiv in eine Opferrolle fügen, sondern gegen Dominanzverhältnisse aufbegehren. Solche Alltagsstrategien dienen dazu, sich mit der eigenen Lebenswirklichkeit auseinanderzusetzen und ihr einen positiven Sinn abzugewinnen. Durch die Erzählung neuer Geschichten und die Umdeutung zugeschriebener Negativmerkmale werden einerseits Machtverhältnisse offen gelegt und andererseits wird eine Anerkennung gleichzeitiger und widersprüchlicher Lebenswirklichkeiten gefordert. In diesem Sinn ist das Postmigrantische implizit herrschaftskritisch, wirkt politisch provokativ und stellt nationale Erzählungen in Frage.

Was die Umkehrung negativer Zuschreibungen und deren ironische Umdeutung betrifft, spricht Stuart Hall von „Transkodierung". Nach seiner Überzeugung können Bedeutungen niemals endgültig festgelegt und kontrolliert werden. Transkodierung meint die Aneignung und Re-Interpretation, kurz die Umdeutung bestehender Begriffe und Wissensinhalte (vgl. Hall 1994, S. 158). Stereotype werden ironisch inszeniert, binäre Gegensätze auf den Kopf gestellt, indem der marginalisierte Begriff privilegiert wird, um durch positive Identifikation negative Klischees auszuräumen.

Urbane Transtopien als Bildungsräume

Indem die Nachkommen der Zuwander_innen ihre Migrationsgeschichte neu erzählen, neue Perspektiven aufzeigen, sich mit den Lebensbedingungen vor Ort auseinandersetzen, negative Zuschreibungen subversiv und ironisch umdeuten, schaffen sie ihre eigenen urbanen Räume, Transtopien, in denen unterschiedliche, widersprüchliche, mehrdeutige, lokale wie grenzüberschreitende Elemente miteinander verknüpft werden und sich zu urbanen Strukturen und Kommunikationsformen verdichten. Transtopien sind Orte des Übergangs, an denen marginalisierte Akteur_innen und Wissensarten ins Zentrum der Betrachtung rücken, privilegiert, zum Teil auch kultiviert werden; Orte, an denen herrschende Normen in Frage gestellt und eine andere urbane Selbstverständlichkeit erzeugt wird.

Transtopien können im übertragenen Sinn Denkräume, virtuelle Räume und postmigrantische Lebensentwürfe bezeichnen.

Unterschiedliche grenzüberschreitende Perspektiven und Differenzen werden unter lokalen Bedingungen miteinander in Beziehung gesetzt und biographisch bearbeitet. In dieser Hinsicht stellen (post-)migrantische Lebensentwürfe Transtopien dar, weil erst in den biographischen Erzählungen unterschiedliche Orte, Perspektiven und Erfahrungen miteinander verbunden werden (vgl. Apitzsch 2003). So gewinnen Lokalitäten durch die jeweiligen Strategien ihre spezifischen Ausprägungen.

Das postmigrantische Theater in Berlin-Kreuzberg „Ballhaus Naunynstraße" beispielsweise sieht sich innerhalb der hiesigen Theaterlandschaft eher als Bruchstelle und als ein alternatives Konzept zur „Hochkultur". In den im Ballhaus inszenierten Stücken wird bewusst mit Klischees, stigmatisierenden und ethnisierenden Deutungsmustern gespielt. Gängige Begriffe, Deutungen und Konstruktionen werden bewusst „transkodiert".

Ebenso unkonventionell und in ironischer Umdeutung eines Schlagworts verortet sich die „Integrier-Bar" in München. Sie entstand auf Initiative eines informellen Netzwerks von Wissenschaftler_innen, Künstler_innen und Aktivist_innen. Mit dem Wortspiel des Namens wird das öffentliche Gezeter um Integration bzw. „Nichtintegrierbarkeit" auf die Schippe genommen. Unter diesem Namen werden in einer Galerie im Bahnhofsviertel, in der gezielt „(post-)migrantische Kunstwerke" ausgestellt werden, Veranstaltungen zu Fragen von Migration, Integration und Rassismus organisiert. Die „Integrier-Bar" versteht sich als eine Plattform, auf der Themen diskutiert, Geschichten erzählt und Wissensformen sichtbar gemacht werden, die in der medial inszenierten Wirklichkeit entweder nicht vorkommen oder abgewertet werden.

Fazit

Die in diesem Beitrag vorgenommene Blickverschiebung bedeutet, die simultane Existenz von Lebensentwürfen als urbane Alltagspraxis sichtbar zu machen, anzuerkennen und als Bildungsprozess zu verstehen. In diesem Sinne darf die so genannte Interkulturelle Bildung nicht auf Migrant_innen bezogene Interessenfokussierung sein, sondern sollte sich als eine Wissenschaft globalisierter und durch radikale Vielfalt geprägter urbaner Stadtgesellschaften verstehen: Wir brauchen eine diversitätsorientierte Bildung, die offen für Wandlungsprozesse ist, vielleicht eine postmigrantische Pädagogik, die Migrationsbewegungen nicht als Sonderforschung, sondern als Gesellschaftsanalyse begreift.

Zum Schluss bleibt zu sagen: Wir leben schon längst in einer Gesellschaft, die überall und dauerhaft von den Erfahrungen und Wirkungen des Kommens, Gehens und Bleibens geprägt ist. „Die Bewegung ist eben nicht etwa eine Abweichung von der Sesshaftigkeit, sondern Normalzustand und gleichzeitig notwendige Voraussetzung von Subjektivität." (Terkessidis 2015, S. 96).

Literatur

Ursula APITZSCH, Biographieforschung und interkulturelle Pädagogik, in: Heinz-Hermann Krüger, Winfried Marotzki (Hg.), Handbuch erziehungswissenschaftliche Forschung, Leske und Budrich, Opladen 1999, S. 471–486.

Ursula APITZSCH, Migrationsbiographien als Orte transnationaler Räume, in: Ursula Apitzsch, Mechtild M. Jansen (Hg.), Migration, Biographie und Geschlechterverhältnisse, Westfälisches Dampfboot, Münster 2003, S. 65–80.

Ulrich BECK, Das fremde eigene Leben – Globalisierung und Politisierung der Lebensführung, in: Ulrich BECK, Wilhelm VOSSENKUHL, Ulf Erdmann ZIEGLER, Eigenes Leben. Ausflüge in die unbekannte Gesellschaft, in der wir leben, herausgegeben von der Bayerische Rückversicherung Aktiengesellschaft München, Beck, München 1997, S. 38–43.

Helmuth BERKING, Global Village oder urbane Globalität? Städte im Globalisierungsdiskurs, in: Helmuth Berking, Richard Faber (Hg.), Städte im Globalisierungsdiskurs, Königshausen & Neumann, Würzburg 2002, S. 11–28.

Ingrid BRODNIG, Du bist Bombe! FALTER 18/2010, S. 12.

Stuart HALL, Das Spektakel des ‚Anderen', in: ders., Ideologie, Identität, Repräsentation. Ausgewählte Schriften 4, Argument-Verlag, Hamburg 1994, S. 108–166

Stuart HALL, Wann war „der Postkolonialismus"? Denken an der Grenze, in: Elisabeth Bronfen, Benjamin Marius, Therese Steffen (Hg.), Hybride Kulturen. Beiträge zur anglo-amerikanischen Multikulturalismusdebatte, Stauffenburg-Verlag, Tübingen 1997, S. 219–246.

Stefanie KRON, Migration ist die Stadt, Jungle World Nr. 38/2014.

Henri LEVEBVRE, Die Revolution der Städte, List, München 1972.

David MORLEY, Kevin ROBINS, Globalisierung als Identitätskrise, in: Andreas Hepp, Martin Löffelholz (Hg.), Grundlagentexte zur transkulturellen Kommunikation, UVK-Verlags-Gesellschaft, Konstanz 2002, S. 533–560.

MUSEEN DER STADT WIEN (Hg.), Wir. Zur Geschichte und Gegenwart der Zuwanderung nach Wien, Eigenverlag der Museen der Stadt Wien, Wien 1996.

Erwin ORYWAL, Kölner Stammbaum. Zeitreise durch 2000 Jahre Migrationsgeschichte, KiWi, Köln 2007.

Regina RÖMHILD, Welt Raum Frankfurt, in: Sven Bergmann, Regina Römhild (Hg.), Global Heimat. Ethnographische Recherchen im transnationalen Frankfurt, Institut für Kulturanthropologie und Europäische Ethnologie der Universität Frankfurt, Frankfurt am Main 2003, S. 7–20.

Edward W. SAID, Figures, Configurations, Transfigurations, Race & Class, Nr. 1/1990, S. 16–22.

Dina SAUTTER, Wir ... aus aller Welt: Storytelling – was uns bewegt, hrsg. von Brunhilde Rohsmann, Mohorjeva, Klagenfurt 2012.

Werner SCHIFFAUER, Transnationale Solidaritätsgruppen, Imaginäre Räume, Irreale Konditionalsätze., in: Helmuth Berking (Hg.), Die Macht des Lokalen in einer Welt ohne Grenzen, Campus-Verlag, Frankfurt am Main und New York 2006, S. 164–180.

Sabine STRASSER, Bewegte Zugehörigkeiten. Nationale Spannungen, transnationale Praktiken und transversale Politik, Turia+Kant, Wien 2009.

Mark TERKESSIDIS, Die Banalität des Rassismus. Migranten zweiter Generation entwickeln eine neue Perspektive, transcript, Bielefeld 2004.

Mark TERKESSIDIS, Kollaboration, Suhrkamp, Berlin 2015.

Erol YILDIZ, Die Öffnung der Orte zur Welt und postmigrantische Lebensentwürfe, SWS-Rundschau 50/2010, S. 318–339.

Erol YILDIZ, Postmigrantische Verortungspraktiken. Ethnische Mythen irritieren, in: Paul Mecheril, Susanne Arens, Klaus Melter, Oscar Thomas-Olalde, Elisabeth Romaner (Hg.), Migrationsforschung als Kritik? Spielräume kritischer Migrationsforschung, VS Verlag, Wiesbaden 2013, S. 139–153.

Erol YILDIZ, Die weltoffene Stadt. Wie Migration Globalisierung zum urbanen Alltag macht, transcript, Bielefeld 2013a.

Erol YILDIZ, Postmigrantische Perspektiven. Aufbruch in eine neue Geschichtlichkeit, in: Erol Yıldız, Marc Hill (Hg.), Nach der Migration. Postmigrantische Perspektiven jenseits der Parallelgesellschaft, transcript, Bielefeld 2015, S. 19–36.

Erol YILDIZ, Marc HILL (Hg.), Nach der Migration. Postmigrantische Perspektiven jenseits der Parallelgesellschaft, transcript, Bielefeld 2015.

Aslı Kışlal und Anna Schober

Was wollen wir vom Theater?

Ein Mensch betritt die Bühne. Diese Szenenanweisung von Samuel Beckett erzeugt die Vorstellung einer Welt. Diese Welt der Bühne können wir noch so fortschrittlich denken, sie löst dennoch ein Bild in unserem Kopf aus.[1] Und dieses soll im vorliegenden Beitrag mit einer Frage verbunden werden: „Ist das die Welt, in der wir leben wollen?“

„Ein Mensch betritt die Bühne“, erzeugt meistens das Bild „Der heterosexuelle, weiße Mann betritt die Bühne.“ Auf den österreichischen Bühnen ist es auch tatsächlich meistens der heterosexuelle weiße Mann, der die Bühne betritt. Wenn wir aber dieses Österreich als Versuchsanordnung für diese Bühne nehmen, dann leben in dieser Versuchsanordnung mehr Frauen als Männer, es leben hier 1,5 Millionen Menschen nicht-österreichischer Staatsbürgerschaft – in Wien sind es sogar mehr als 35% mit nicht-österreichischer Staatsbürgerschaft –, es leben hier ebenso viele Menschen mit Beeinträchtigungen neben schätzungsweise achthunderttausend Menschen, die eine LGBTIQ-Community ausmachen.

Es stellt sich also die Frage: *WER* betritt die Bühne? Wer ist dieser Mensch? Welche Geschichten erzählt er? Welche Form findet er dafür? Für wen erzählt er sie und wer hört ihm dabei zu? Ein lebendiges Theater muss sich diesem Diskurs laufend stellen und auf Veränderungen in der Realität, in der es stattfindet, reagieren.

Postmigrantische Aushandlungen

Gerade in einem häufig angstbesetzten Umfeld, in dem sich die Fronten stetig verhärten, ist ein neugieriger, flexibler und frecher Umgang mit der Diversität unserer Gesellschaft unverzichtbar.

1 Vgl. hierzu René Pollesch: „Dem Repräsentationstheater, damit meine ich das klassische Dialogtheater, geht es um universelle Lesbarkeit. Aber wenn in einer Szenenanweisung von Samuel Beckett steht: ‚Ein Mensch betritt die Bühne‘, hat man automatisch einen weißen heterosexuellen Mann vor Augen. Das ist das Problem.“ (Pollesch 2016)

In einer Kultur, die über Migration entstanden ist, muss die Definition einer kulturellen Einheit über die Definition eines Nationalstaats scheitern – und dennoch wird sie ständig reproduziert. Schlomo Sand bringt es wie folgt auf den Punkt: „Da man davon ausgehen muss, dass eine enge kulturelle Verbundenheit, die angeblich den Leib der Nation zusammenhielt, niemals und nirgendwo je existierte, mussten sich die Schöpfer des kollektiven nationalen Gedächtnisses sehr anstrengen, um sie zu erfinden." (Sand 2014, S. 41)

Es braucht neue Strategien, um eine Identität zu schaffen, die sich aus der Diversität ihrer Individuen stärkt, anstatt diese zu fürchten. Der Begriff „postmigrantisch" versucht die Realität aller Individuen, die diese Gesellschaft bilden, zu beschreiben und die Trennlinie zwischen dem *WIR* und dem *IHR* aufzuheben. Und dafür steht eine Realitätsbeschreibung und Handlungsweise, die postmigrantisch genannt werden kann. So formuliert die Sozialwissenschafterin Naika Foroutan:

„Wir reden nicht von Migranten und Postmigranten. Wir reden davon, dass die Gesellschaft insgesamt eine postmigrantische geworden ist. Migration kann nicht mehr die Trennlinie sein, wenn sie fast jeden betrifft – zählen wir hier mal Binnenmigration dazu. Das Koordinatensystem hat sich verschoben. Es ist mehr die Haltung zu dieser Gesellschaftsform, die Trennlinien schafft – nicht mehr der Migrationshintergrund. In Dresden stehen 9 000 Bürger, die für ein offenes und plurales Dresden stehen, 10 000 Bürgern gegenüber, die eine Islamisierung des Abendlandes befürchten. Jeder dritte Mensch in diesem Land, belehrt uns die Statistik, hat in der Verwandtschaft jemanden mit Migrationshintergrund. Wir wollen mit dem Postmigrantischen aber darauf verweisen, dass es eigentlich um ganz andere Dinge geht als um Migration – nämlich um die fundamentale Aushandlung von Rechten, von Zugehörigkeit, von Teilhabe und von Positionen. Das ist das neue Deutschland. Es handelt sich und seine nationale Identität gerade postmigrantisch neu aus." (Foroutan 2014)

Um diese Identität zu erschaffen, bedarf es eines scharfen Blicks auf die Gesellschaft, einer Analyse des Ist-Zustandes, einer Hinterfragung des eurozentristischen Denkens. Ein erster Schritt für ein neo-politisches Theater wäre eine gewisse Sensibilität für Diversität bei der Teambildung. „Postmigrantisches" Theater wäre einem Theater der Zukunft einen Schritt näher.

Recht auf Kunst: Von Zuschauer_innen und Kunstschaffenden

Schon sehr lange wiederholt sich das Theater in einem kleinen Kreis und hat sich so zu einer realitätsfernen, elitären Marke entwickelt. Während sich die Gesellschaft rasant wandelt, verliert sich das Theater in ästhetischen Fragen. Kunst ist aber ein Grundbedürfnis. Das Recht auf Kunst ist ein Menschenrecht. Wenn man die postmigrantische Realität als gegeben erkennt, kann das Theater, das diese Realität reflektiert, daran nur wachsen.

Auf den deutschen Bühnen hat schon seit Längerem ein Prozess begonnen, der sich mit den neuen Realitäten in unseren Gesellschaften kreativ und theoretisch auseinandersetzt. Shermin Langhoff hat als Intendantin des Gorki Theaters postmigrantische Positionen sogar aus ihrem Nischendasein direkt in die Mitte der Gesellschaft geholt. Theatermacher_innen, die noch vor wenigen Jahren die Zugänge des postmigrantischen Theaters als Sozialarbeit abgetan haben, beschäftigen sich aktuell mit genau diesen Themen.

Wenn noch vor wenigen Jahren die Aktionen gegen „blackfacing" als lächerliches Gebrüll und sogar als Einschnitt in die Freiheit der Kunst gesehen wurden, ist nun ein Diskurs eröffnet, der einen kritischen Blick auf die Normen des Theaters wirft. Selbst das „große", institutionalisierte Theater hat angefangen, seine Usancen in Frage zu stellen.

Spätestens mit den aktuellen Fluchtbewegungen hat auch die österreichische Theaterwelt begonnen, sich mit dem Thema Diversität zu befassen. Seit Kurzem findet etwa am Institut für Theater-, Film- und Medienwissenschaft eine Ringvorlesung zum Thema Flucht, Migration, Theater statt.[2] In der Freien Wiener Kunstszene betreten die neu Angekommenen die Bühnen und ihre Geschichten prägen die Szene merklich. Hier zeigt sich der beinahe vergessene, integrative Charakter der Kunst. Die erarbeiteten Stücke haben inzwischen nicht mehr nur in den althergebrachten Theaterräumen Platz, sie werden ins Wiener Rathaus geladen und erobern sich so ganz neue Räume. So führten die Aktionen weniger „besorgter Bürger_innen"

---

2 https://tfm.univie.ac.at/veranstaltungen/news--details-/-article--/ringvorlesung-flucht-migration-theater-2/?tx_ttnews[pointer497305]=3&tx_ttnews[backPid]=137250&cHash=ebe398d113a69434821cff11acd0a4ef

dazu, dass das Theater wieder an politischer Kraft gewonnen hat, die wir verloren geglaubt haben.[3]

Wenn auch nicht jede_r, der_die jetzt eine Bühne betritt, Künstler_in werden muss, so hat doch jede_r das Recht, an der Kunst dieser Stadt teilzuhaben, sei es als Rezipient_in, Diskutant_in oder als Kunstschaffende_r.

Jacques Rancière stellt in „Der emanzipierte Zuschauer“ die Ästhetik der Kunst in ihrem politischen Kontext in den Vordergrund: *„Das Kino, die Fotografie, das Video, die Installationen und alle Performances des Körpers, der Stimme und Töne tragen dazu bei, den Rahmen unserer Wahrnehmungen und die Dynamik unserer Affekte neu zu schmieden. Dadurch eröffnen sie mögliche Übergänge zu neuen Formen politischer Subjektivierung. Aber keine Kunstform kann den ästhetischen Einschnitt vermeiden, der die Wirkungen von den Absichten trennt und jeden Königsweg zu einer Wirklichkeit verbietet, die die andere Seite der Wörter und Bilder wäre. Es gibt keine andere Seite. Eine kritische Kunst ist eine Kunst, die weiß, dass ihre politische Wirkung sich durch die ästhetische Distanz vollzieht. Sie weiß, dass diese Wirkung nicht garantiert werden kann, dass sie immer einen Teil Unentscheidbares mit sich führt.“* (Rancière 2010)

Kunst mit kunstpädagogischem oder agitativem Anspruch spricht Rancière die Legitimation ab: „Die Politik der Kunst kann ihre Paradoxa (…) in der Form eines Hinausgehens ins Außen oder eine Intervention in die ‚wirkliche Welt' nicht lösen. Es gibt keine wirkliche Welt, die außerhalb der Kunst wäre.“ (Rancière 2010, S. 91)

Andererseits ist es gerade sehr schick, die Legitimation von Kunst aus dem Feld heraus zu hinterfragen, wie etwa im sehr polarisierenden Buch „Kulturinfarkt“ (Haselbach/Klein/Knüsel/Opitz 2012). Darin stellen die Autoren fest, unter dem Schlagwort „Kultur für alle“ habe in Deutschland „eine systematische kulturelle Aufrüstung“ stattgefunden, ohne dass sich die damit verbundenen Hoffnungen erfüllt hätten. Autoren des Buches sind der Soziologe Dieter Haselbach, der Direktor der Schweizer Kulturstiftung Pro Helvetia

3 In Wien haben die „Identitären“ am 14.4.2016 eine Vorstellung von „Schutzbefohlene performen Jelineks Schutzbefohlene“ gestürmt, woraufhin die „Schutzbefohlenen“ von der Stadtregierung ins Rathaus eingeladen wurden.

Pius Knüsel, der Professor für Kulturwissenschaft und Kulturmanagement Armin Klein sowie Stephan Opitz, der in Kiel das Referat für kulturelle Grundsatzfragen im Ministerium für Bildung und Kultur des Landes Schleswig-Holstein leitet. Alle diese Herren der staatlich subventionierten Institutionen und im höheren mittleren Alter stellen im Grunde ihr eigenes Dasein in Frage. Was auf den ersten Blick ironisch wirkt, verweist aber auch auf eine Zeitspanne, in der sich die Dinge verändert haben; sie funktionieren nicht mehr so, wie es einmal war. Und die Diskussionen zwischen denen, die schon so lange ihre Stühle in den Entscheidungs-Diskurs-Gremien festhalten, drehen sich immer im Kreis.

Um dem Kunstbetrieb langfristig die Möglichkeit zu geben, mit dem gesellschaftlichen Wandel mitzuhalten und somit eine nachhaltige Veränderung in der Szene zu ermöglichen, ist es wichtig, denjenigen, die in der Kunst ihre Zukunft sehen, eine Chance dazu zu bieten.

Perspektivenwechsel: Zur Integrationsfähigkeit der Kunst und ihrer Institutionen

Bereits 2011 fand in Wien ein Festival zu postmigrantischen Positionen unter dem Titel „Pimp my Integration" statt.[4] Die Fragestellung wurde hierbei nicht über die Integrationskompetenzen individueller Migrant_innen geführt, sondern über die Integrationsfähigkeit der Kunst und ihrer Institutionen. Das viermonatige Festival zeigte und analysierte internationale Produktionen mit geladenen Profis aus Deutschland. Zentral waren die Fragen: Wo stehen wir hier in Wien, einer kosmopolitischen Stadt, und wo steht ihre Kunst? Wer hat hier das Recht, Kunst zu konsumieren und zu machen, wer trifft die Entscheidungen? Unsere Erfahrungen bei „Pimp My Integration" haben gezeigt, dass es in der Wiener Theater- und Kunstszene kaum Möglichkeiten zur Professionalisierung für Menschen mit Migrationshintergrund gibt.

René Pollesch spricht in der *Süddeutschen Zeitung* über Rassismen im Theaterbereich:

4 ins Leben gerufen und kuratiert von daskunst (Aslı Kışlal und Carolin Vikoler) und der GARAGE X (Ali M. Abdullah und Harald Posch)

„Wir haben übrigens auch ein Problem bei der Auseinandersetzung mit dem Rassismus. Wir bearbeiten ihn mit Toleranz, aber Toleranz ist keine Lösung für Rassismus. Weil es keine Rolle spielt, ob unsere besten Freunde Migranten sind, wenn wir Hamlet, damit er ‚richtig' verstanden werden kann, nicht mit einem Schwarzen besetzen. Das Problem des Rassismus ist in erster Linie das Problem der Repräsentation. Vor allem im Theater. […] [I]m Repräsentationstheater gehen die Gedanken verloren, weil sich alles um Lesbarkeit dreht. Wenn jemand einen Gedanken formuliert, geht es nur darum herauszufinden, wer spricht. Und andererseits wird verschleiert, wer spricht, nämlich nur der weiße, männliche Heterosexuelle, dessen Erzählung alle als die universelle entgegennehmen müssen. Lesben und Schwule müssen dafür sorgen, dass Romeo und Julia auch ihre Liebesgeschichte ist. Frauen müssen dafür sorgen, dass Hamlet auch ihre Geschichte wird, obwohl sie gleichzeitig erfahren, dass sie es nicht ist."

Es gibt also viele Möglichkeiten, die Bühne zu betreten. Und wir sind viele.

Vor diesem Hintergrund entstand Ende 2013 das Performance- und Theaterlabor diverCITYLAB. In einer Synthese aus Kunstprojekt und praxisorientierter Ausbildungsstätte haben wir uns zum Ziel gesetzt, die Theaterszene für alle Mitglieder unserer postmigrantischen Gesellschaft zu öffnen. Als Kunstschaffende begleiten und beraten wir unsere Studierenden und -Stipendiat_innen auf ihrem Weg zu professionellen und autonomen Künstler_innen.

diverCITYLAB: Theater updaten

In der derzeitigen Experimentierphase der Theaterszene stellt sich unser Theaterlabor der künstlerischen wie kulturpolitischen Debatte. diverCITYLAB pflegt einen diskursiven, sensiblen und bewussten Umgang mit den neuen Künstler_innen und Themen und stellt dabei ständig die verwendeten theatralen Mittel in Frage.

diverCITYLAB entsteht aus dem Zusammenspiel aller Mitwirkenden und bietet damit autonomen Künstler_innen ein flexibles Arbeitsumfeld, welches wir als Grundvoraussetzung für kreatives Arbeiten sehen. Um dies zu gewährleisten, definiert sich die Arbeit unseres Stipendienprogramms mit jeder_jedem Stipendiat_in neu, und die Curricula der Schauspielschule passen sich den Interessen, Stärken und Bedürfnissen der Studierenden an.

In diesem Sinne versteht sich diverCITYLAB als Kompetenzpool, in dem die Mitarbeiter_innen neben ihren künstlerischen Fähigkeiten ihre langjährige Erfahrung in allen Bereichen des Theaters zur Verfügung stellen. Dieser Pool besteht aus theoretischem Wissen, organisatorischer Unterstützung, dramaturgischer Beratung, technischen Grundlagen. In den Fällen, in denen die Expertise unseres Teams nicht ausreicht, vermitteln wir regelmäßig und freudig an andere Initiativen und Institutionen weiter. Denn nur gemeinsam können wir den Ist-Zustand des Theaters updaten.

Eine der wichtigsten Säulen von diverCITYLAB ist die umfangreiche Performance- und Schauspielausbildung. In unseren aktuellen Jahrgängen finden sich Studierende der Universität für angewandte Kunst neben Menschen mit Fluchterfahrungen, die gerade ihren ersten Deutschkurs besuchen und sie erarbeiten ein gemeinsames Theaterverständnis. Unser Ziel ist es, unsere Studierenden, aber auch die Wiener Theaterszene für das postmigrantische 21. Jahrhundert tauglich zu machen.

Abgesehen von der qualitativ hochwertigen Schauspielausbildung sind gesellschaftliche Verantwortung sowie Positionierung in unserer Gesellschaft zentrale Themen der diverCITYLAB-AKADEMIE. Schauspieltheorien werden gelehrt und kritisch beleuchtet. Wir bilden eigenständig denkende und handelnde Schauspieler_innen aus, die sensibel für neue Theaterformen und gesellschaftliche Entwicklungen sind. Damit verstehen wir Schauspieler_innen als autonome Künstler_innen und vermitteln ihnen über die Schauspieltechniken wichtige Fähigkeiten, die in den zunehmend genreübergreifenden, performativen, kollektiven Theaterarbeiten vonnöten sind.

Alle zwei Jahre startet ein neuer Jahrgang die Schauspielausbildung. Wir haben uns gegen eine klassische Aufnahmeprüfung zur Akademie entschieden, da dies den Zugang für manche Mitglieder unserer Gesellschaft erschweren würde (Sprachbarrieren, finanzielle Möglichkeiten für Privatunterricht etc.). Die Studierenden nehmen stattdessen an einem dreimonatigen Workshop teil, an dessen Ende eine Performance steht. Aufnahmekriterien sind der kontinuierliche Arbeitswille über einen längeren Zeitraum, das Arbeiten in der Gruppe sowie das Ergebnis dieser Performance.

Von Widerstand und Dekolonisierung zu Hoffnung und Utopie

Auch wenn Migration in vielen Formen die zentral-europäische Gesellschaft schon sehr lange beeinflusst, beschäftigt sich die breite Öffentlichkeit noch nicht lange mit diesen Themen. Aktuell gibt es jedoch keinen politischen Diskurs, in dem nicht Migration und Flucht zum Thema gemacht werden, ebenso werden alle Wahlen zu einer Pro- oder Kontra-Immigrations-Entscheidung zugespitzt.

Wenn es die aktuelle nationalistische politische Entwicklung nicht schafft, die Tendenzen hin zu einer Thematisierung von gesellschaftspolitischen Themen und hin zu einem postmigrantischen Theater schon im Keim wieder zu ersticken (leider ist das in vielen Teilen der Welt und auch in Europa aktuell häufiger der Fall), besteht die Möglichkeit, dass sich ein diverseres Theater entwickelt.

Ein lebendiges Theater wird sich in der nahen Zukunft immer mehr mit den neuen Gegebenheiten in der Gesellschaft, mit den extremen Haltungen, mit neuen Geschichten, sozialer Ungleichheit, faschistischen Tendenzen und hoffnungsvollen Geschichten beschäftigen müssen.

Wenn die politische Entwicklung immer mehr nach rechts rutscht, wird und muss die Kunst ihre kritischen und subversiven Kräfte stärker entwickeln und zum Motivator und Hoffnungsträger werden. Alle restriktiven Systeme fürchten die Kunst: Sie kann kreativ hinterfragen und laut antworten, denn sie ist laut.

Es ist unser Anliegen, althergebrachte, normierte Symboliken und Formen in Frage zu stellen und zu brechen. Es braucht eine Dekolonisierung, um die Kunst von ihrem kolonialistischen Denken zu befreien. Bilder beeinflussen unser Denken. Häufig gesehene Bilder reproduzieren wir in Gedanken, ohne sie in Kontext zu setzen. So entsteht durch Sehgewohnheiten eine Normierung, die wir nicht mehr hinterfragen, auch wenn sie mit der Realität, die uns umgibt, nur wenig zu tun hat. Wir sollten uns aber daran gewöhnen, dass wir gemeinsam im 21. Jahrhundert leben und dem Theater wieder die Macht zugestehen, eine Welt zu erdenken, in der wir leben wollen. Gerade wenn diese Welt außerhalb des Theaters nicht die Welt ist, in der wir leben wollen.

Literatur

Naika FOROUTAN, Was heißt postmigrantisch? Interview von Arno Widmann, Berliner Zeitung, 12.12.14., http://www.berliner-zeitung.de/naika-foroutan-was-heisst-postmigrantisch-487520 [4.6.2016]

Dieter HASELBACH, Arnim KLEIN, Pius KNÜSEL, Stephan OPITZ, Der Kulturinfarkt. Von allem zu viel und überall das Gleiche. Eine Polemik über Kulturpolitik, Kulturstaat, Kultursubvention, Knaus, München 2012.

René POLLESCH, „Toleranz ist keine Lösung für Rassismus.", Interview von Tobias Haberl, Süddeutsche Zeitung Magazin, Heft 17/2012. http://sz-magazin.sueddeutsche.de/texte/anzeigen/37453/Toleranz-ist-keine-Loesung-fuer-Rassismus [4.6.2016]

Jacques RANCIÈRE, Der emanzipierte Zuschauer, hrsg. von Peter Engelmann, Passagen Verlag, Berlin 2010.

Schlomo SAND, Die Erfindung des jüdischen Volkes, 6. Auflage, List Taschenbuch, Berlin 2014.

Interview mit Erol Yıldız von Ines Garnitschnig

„Mit der hegemonialen Wissensproduktion radikal brechen"

„Lebensweltliche Diversität und vielfältige Erfahrungen werden nicht als Lernanlass, sondern eher als Hindernis betrachtet, weil in der konventionellen schulischen Bildungsnormalität eine gewisse Eindeutigkeit verlangt wird, die oft an nationalen Konzepten ausgerichtet ist. Da stellt sich die Frage: Wer passt in diese schulische Bildungsnormalität? Wer als nicht passend gilt, wird aussortiert.

Das Schulsystem bleibt auf diese Weise spezifischen Normalitätserwartungen verhaftet, sein Idealschüler einheimisch, einsprachig sozialisiert, entstammt einer Mittelschichtsfamilie, die den passenden bildungsbürgerlichen Habitus – mitliefert – zu dem natürlich auch Fremdsprachen gehören, aber nur die richtigen.

Wir brauchen daher eine diversitätsbewusste Bildungswirklichkeit, ein neues Bildungsverständnis, das offen und sensibel für Wandlungsprozesse ist, ein Bildungsverständnis, das das kreative Potential der Alltagspraxis zur Kenntnis nimmt, das von den Einzelnen ausgeht. Menschen vor Ort schaffen ihre eigenen Übersetzungs- und Bildungsräume."

aus „Mit der hegemonialen Wissensproduktion radikal brechen" Interview mit Erol Yıldız von Ines Garnitschnig, nachzulesen unter „Texte" auf trafo-k.at/verlernen/

„Um solche Kategorien [wie *wir* und *die*] zu irritieren, plädiere ich für eine kontrapunktische Perspektive, eine Art Gegenlesen gesellschaftlicher Dominanzverhältnisse. Dies bedeutet einen radikalen Bruch mit der hegemonialen Wissensproduktion. Die Aufmerksamkeit richtet sich dann auf Verschränkungen, Überschneidungen und Übergänge, die solche sortierenden Denkweisen ad absurdum führen.“

aus „Mit der hegemonialen Wissensproduktion radikal brechen“ Interview mit Erol Yıldız von Ines Garnitschnig, nachzulesen unter „Texte“ auf trafo-k.at/verlernen/

ver ändern

Wie lange arbeitest du?

Rubia Salgado

Is something out of the world order?

Fragen zur kritischen Bildungsarbeit in der Migrationsgesellschaft

Dieser Text ist eine etwas bearbeitete Version des Vortrags, den ich auf Einladung von trafo.K im Rahmen der Ringvorlesung „Strategien für Zwischenräume“ hielt. Am Anfang hörten wir ein Lied von Caetano Veloso, „Fora da ordem“, auf das ich noch am Schluss eingehe. Dieser Text ist vor allem entlang von Fragen strukturiert und er entwirft Fragen, die eine (selbst-)kritische pädagogische Praxis in der aktuellen Migrationsgesellschaft betreffen.

Die ersten Fragen lauten: Wie kann eine Bildungsarbeit in der Migrationsgesellschaft aussehen, die nicht konservative Ziele, also Ziele, die eine Stabilisierung der gegebenen Verhältnisse bedeuten, sondern transformative Ziele verfolgen will? Welchen Beitrag kann Bildungsarbeit zu einem angestrebten Prozess struktureller Veränderung in Gesellschaften leisten?

Aber um welche Veränderung soll es dabei gehen? Wir hören in den letzten Jahren viele Stimmen, die meinen, dass Bildung sich entsprechend der gesellschaftlichen Transformationen transformieren, mit den schnellen Veränderungen unserer Zeit Schritt halten und auf die neuen Anforderungen angemessen reagieren müsste. Wir hören von Globalisierung, Wissensgesellschaft, Employability, Wettbewerbsfähigkeit, Humankapital und anderen Schlüsselbegriffen. Hinter diesen Positionen steht das Einverständnis, dass die Verwertungsinteressen der Wirtschaft oberste Priorität haben, auch wenn dies unter dem Deckmantel der Förderung der sozialen Kohäsion und des Umweltschutzes geschieht, wie es in der Lissabon-Strategie von 2000 oder in ihrer aktuellen neuen Auflage formuliert wird. Ich möchte aus einer anderen Perspektive über Veränderung nachdenken, die die wirtschaftliche Verwertungsinteressen nicht oder mindestens nicht prioritär zum Ausgangspunkt nimmt. Ich schlage vor, Bildung als ein Mittel zur Transformation gesellschaftlicher Verhältnisse zu begreifen – aber nicht im Hinblick auf deren Ökonomisierung, sondern vielmehr im Hinblick auf mehr Gleichheit und ein besseres Leben für alle.

Folge ich dieser letzten Perspektive, und das mache ich in meiner beruflich-politischen Praxis, dann stellen sich weitere Fragen wie zum Beispiel: Wie kann Bildung gesellschaftliche Entwicklungen aktiv beeinflussen? Auf welche Weise könnte Bildung als ein Mittel zur Förderung individueller und kollektiver Handlungsfähigkeit eingesetzt werden, zumal Bildung historisch und gegenwärtig sowohl dem Zweck der Reproduktion der gesellschaftlichen Machtverhältnisse dienen kann als auch ihrer Infragestellung und Veränderung? Wie kann Bildung als Widerstandsinstrument gedacht und verwirklicht werden? Wie können wir Handlungsfähigkeit, wie sie Hanna Meißner definiert, denken: als die Fähigkeit, „sich zu den Verhältnissen zu verhalten und diese nicht nur zu reproduzieren" (Meißner 2010, S. 10)? Und wie lässt sich dieses Verständnis von Handlungsfähigkeit in der oder durch die Praxis einer emanzipatorischen Bildung konkret übersetzen?

Um mich diesen Fragen anzunähern, erscheint mir eine Unterscheidung zwischen Handlungsbedingungen und Handlungsmöglichkeiten relevant. Ich erinnerte mich beim Schreiben an einen Text zur Politischen Bildung und demokratischen Erziehung. Im Text beziehen sich die Autor_innen auf Bourdieu, der im Buch „Wie die Kultur zum Bauern kommt. Über Bildung, Schule und Politik" die Position vertritt, dass die gesellschaftlichen Handlungsbedingungen, d.h. „die durch Herrschaft und Ungleichheit geprägten Strukturen sozialen Zusammenlebens" (Da Rin/Künkli, 2008, S. 137), im Einflussbereich der Politik und der Wirtschaft und nicht der Bildung liegen. Bildung kann demnach demokratische Handlungsmöglichkeiten erschließen, nicht Handlungsbedingungen herstellen. Ein Beispiel, das diese Unterscheidung verdeutlichen kann, finden wir in den Bestimmungen, die die Ausübung der demokratischen Rechte in Österreich regeln. Eine emanzipatorische und transformativ gesinnte Bildungsarbeit würde im Kontext der Migrationsgesellschaft das Thema des Ausschlusses mancher gesellschaftlichen Gruppen aus der Sphäre der politischen Partizipation in einer repräsentativen Demokratie (zum Beispiel kein Wahlrecht zu haben) thematisieren und problematisieren. Damit jedoch Migrant_innen das Wahlrecht zugesprochen wird, sind gesetzliche Veränderungen notwendig. Der Pädagoge Paulo Freire bietet uns hier einen Ansatz: Er merkt an, dass Pädagog_innen taktisch im System (er bezieht sich auf die Bildungsinstitutionen) und strategisch außerhalb des Systems handeln sollten (Freire 1978, S. 110).

Um diesen Ansatz mit einem Beispiel zu konkretisieren: Freire war in São Paulo während der Regierung der Arbeiter_innenpartei (PT) für das Bildungsressort zuständig; seine Tätigkeiten schlossen jedoch die Zusammenarbeit mit den Sozialbewegungen mit ein. Freire beteiligte sich an einem Stellungskrieg, wie ihn Chantal Mouffe für das Projekt einer radikalen Demokratie unter Bezug auf Antonio Gramsci beschreibt:

„Das Problem moderner demokratischer Gesellschaften besteht unserer Ansicht nach nicht in ihren ethischen Prinzipien der Freiheit und Gleichheit, sondern in der Tatsache, dass diese Prinzipien praktisch nicht wirksam werden. Deshalb sollte es in solchen Gesellschaften die Strategie der Linken sein, sich für die Stärkung dieser Prinzipien einzusetzen, und dies erfordert keinen radikalen Bruch, sondern das, was Gramsci ‚Stellungskrieg' nennt, eine Auseinandersetzung also, die zur Erzeugung einer neuen Hegemonie führt.“ (Mouffe 2014, S. 197)

Um die Hegemonie anzufechten, muss diese Auseinandersetzung in der Zivilgesellschaft durchgeführt werden. Die Zivilgesellschaft wird als Kampfplatz begriffen. Die Institutionen der Zivilgesellschaft, welche die Funktion der Stabilisierung vorherrschender Verhältnisse ausüben, sollen radikal demokratisiert werden. Oder in den Worten Chantal Mouffes: „Wofür wir eintreten, ist eine Radikalisierung bestehender demokratischer Institutionen, um die Prinzipien der Freiheit und der Gleichheit wieder stärker wirksam werden zu lassen.“ (Mouffe 2014, S. 195)

Ob die Transformation bestehender Institutionen angesichts neoliberaler Politiken, reaktionärer Entwicklungen und steigender sozialer und ökonomischer Segregation die passende strategisch-politische Antwort ist, bleibt hier offen. Ebenfalls noch nicht entschieden ist das Potenzial des Ansatzes der Regierung von unten, wie Antonio Negri ihn vertritt. Darauf komme ich jedoch etwas später zurück.

Kollektiv und solidarisch kämpfen für eine neue Hegemonie

Die Worte dieses Textes sind in Sorge und vor allem in Empörung über die politischen Entwicklungen in Österreich eingebettet. Die Wahlergebnisse in Oberösterreich und in Wien 2015, die massive Zugewinne für die FPÖ brachten, zeugen von einem Mangel an politisch-strategischem Handeln demokratischer Kräfte, die dazu führen sollte, gegenhegemoniale politische Konzepte und Praxen als verbindend zu vermitteln. Mit verbindend meine ich die Fähigkeit und das Ziel, unterschiedliche diskriminierte und benachteiligte Gruppen in ihren Anliegen gegen die herrschenden Kräfte zu bündeln. Im Ansatz der radikalen Demokratie wird das Konzept der Äquivalenzkette angewendet. Hier wird postuliert, dass eine Äquivalenzkette zwischen all den verschiedenen Kämpfen zu etablieren wäre. Die Arbeitslosen würden nicht nur ihre Anliegen vertreten, sondern auch diejenigen der Migrant_innen, der Asylwerber_innen, der Transgender, der Frauen*, der Schwarzen, der Behinderten usw. Das Ziel sollte die Schaffung eines kollektiven Willens aller demokratischen Kräfte sein, um – wie Mouffe es formuliert – „eine Radikalisierung der Demokratie zu befördern und eine neue Hegemonie zu etablieren." (Mouffe 2014, S. 196)

Die Akteur_innen einer wirtschaftlichen und zugleich demokratischen Erneuerung beschreibt Antonio Negri mithilfe des Begriffs der Multitude. Am Beispiel der politischen Entwicklungen in Spanien in den ersten Monaten des Jahres 2015 lesen wir in einem von Negri und Sánchez Cedillo veröffentlichten Buch:

„Prekariat, kognitive Arbeitskraft, Arbeiter_innen in der Industrie und im Dienstleistungssektor, Lehrer_innen und Student_innen, Arbeiter_innen im Sorge- und Gesundheitswesen, Arbeitslose, die sporadisch oder informell arbeiten, Frauen und Männer: Es ist ein ‚Volk', das durch das globale Kapital ausgebeutet wird, eine soziale Multitude, aus der Mehrwert extrahiert wird." (Negri/Sánchez Cedillo 2015, S. 63)

Relevant für uns in diesem Text ist die Frage nach den Entstehungs- und Handlungsbedingungen solcher Bewegungen, die sowohl von Mouffe als auch von Negri als Sozialbewegungen bezeichnet werden. Ohne im erwähnten Buch zu erklären, wie der widerständige Prozess beginnt und Formen annimmt, merken Negri und

Sánchez an, dass das Subjekt, um sich aus den Folgen der europäischen neoliberalen Sparpolitik zu befreien und den Mechanismen der Ausbeutung zu entkommen, sich der Gewalt der kapitalistischen Herrschaft bewusst werden müsse. Diese Wörter, sehr nah am Text von Negri und Sánchez wiedergegeben, könnten zweifelsohne aus einem Text von Paulo Freire entnommen gewesen sein. Der Unterschied: Freire war Pädagoge.

Emanzipatorische Bildungsarbeit hin zur Organisierung einer verändernden Praxis

Die Berücksichtigung der Unzulänglichkeit von Bildung in Hinblick auf das Ziel der Transformation der Gesellschaft in Richtung einer neuen Hegemonie bedeutet jedoch nicht, dass Bildung keine Funktion in diesem Prozess ausüben würde. In Anlehnung an Freire würde ich auch meinen, dass Lernende im Rahmen einer emanzipatorischen Bildungsarbeit die Möglichkeit haben sollen, soziale, politische und ökonomische Widersprüche wahrzunehmen und zu problematisieren, um etwas gegen die unterdrückerischen Elemente der Realität zu unternehmen. Eine emanzipatorische und kritische Bildungsarbeit erschöpft sich nicht in der Enthüllung der Realität. Sie führt zur Organisierung einer Veränderungspraxis. Kritische Bildungsarbeit fordert auch zu Strukturveränderungen heraus.

Denn trotz all dem, was wir erleben, trotz des wiederholten Mantras der Alternativlosigkeit der aktuellen sozio-politisch-ökonomischen Realität, besteht ein Wissen über die Möglichkeit der Veränderung der herrschenden gewaltvollen, mörderischen Ordnung.

Neben den Rahmenbedingungen (Infrastruktur, Finanzierung), die nicht selbstverständlich und nicht zu unterschätzen sind hinsichtlich ihrer verhindernden und zerstörerischen Kräfte, (Stichwort Killtrolling) und fachlicher Kompetenz bildet meines Erachtens eine bestimmte pädagogische professionelle Haltung eine der zentralen Voraussetzungen für die Realisierung einer kritischen und emanzipatorischen Bildungsarbeit.

Das Entstehen und die Konturen einer pädagogischen Haltung in der Migrationsgesellschaft hängen einerseits von der Ausbildung dieser Professionellen ab. Daher die Wichtigkeit des Sich-Einmischens in bestehende Ausbildungen. Andererseits hängen sie von uns als Einzelnen ab: Sie hängen von unserem Verständnis von Sein in der Welt ab, sie hängen davon ab, welche Fragen wir an die Welt richten, welche Antworten wir formulieren und von den weiteren Fragen, die dadurch entstehen – trotz Ausbildungen, die uns vereinfachte, bequeme Antworten liefern, Antworten und Unterrichtsrezepte, die unsere machtvolle gesellschaftliche Position auf zynische Weise stärken.

Unter professionelle Haltung fallen die parteiische Positionierung für die Anliegen unterdrückter und diskriminierter Gruppen, die Auseinandersetzung mit der eigenen gesellschaftlichen Position und mit ihren Implikationen – vor allem im Zusammenhang mit der eigenen Rolle als Pädagog_in –, das Bewusstsein über die internationalen oder transnationalen Zusammenhänge, die Auseinandersetzung mit den Ursachen für die bestehende, allerdings historisch gewachsene internationale Arbeitsteilung und mit den Zusammenhängen zwischen dieser und den Migrationsbewegungen. Es geht ebenfalls um eine bestimmte Praxis der professionellen Reflexivität, wie sie Paul Mecheril in Anlehnung an Bourdieu formuliert (Mecheril et al. 2010, S. 191): das vorhandene und nicht bewusste (oder nicht als solches explizit benannte) Wissen über die Lernenden in Hinblick auf seine Funktion im Prozess der Erzeugung «Anderer» sowie auf seine diskriminierenden Effekte zu reflektieren und zu befragen. Wo liegen die Grenzen eigenen Wissens? Wie wird Wissen gewaltvoll aberkannt? Welchen Kriterien folgt die Legitimierung von Wissen? Welches Nicht-Wissen ist gestattet oder auch belohnt? Durch welche Prozesse wird Wissen über die anderen als different hergestellt und reproduziert? Und wie können wir eine professionelle Reflexivität praktizieren, die es ermöglicht, die eigene Macht in der Migrationsgesellschaft zu durchbrechen und zu destabilisieren? Wie können wir Fragen entwickeln, durch die eine r sich selbst widerspricht?

Und wie oben bereits erwähnt, geht es um ein politisches und strategisches Bewusstsein, das uns Pädagog_innen dazu bewegt, uns politisch zu organisieren und in die Bildungspolitik, in die Sprachpolitik, in die Kulturpolitik usw. einzumischen, Platz zu nehmen, Forderungen hartnäckig zu verfolgen, Allianzen, wenn notwendig und möglich, zu bilden und vor allem mit anderen politisch agierenden Gruppen zusammenzuarbeiten: im Kampf gegen die

Ökonomisierung der Bildung, gegen kapitalistische Ausbeutung, gegen faschistische Mobilisierung und Gewalt, gegen rassistische Ausgrenzung, gegen patriarchale und heteronormative Strukturen und Gewalt, im Kampf gegen die Diskriminierungen von Behinderten und, und, und. Nicht nur innerhalb der Grenzen dieses reichen Staates, sondern in Verknüpfung mit Kämpfen in anderen Regionen. Im Süden, im Norden, im Westen, im Osten. Diese Arbeit würde unausweichlich unsere pädagogische Praxis beeinflussen und sie sehr wahrscheinlich im Sinn einer kritischen Bildungsarbeit markieren.

Ebenso und damit einhergehend erscheint mir das Hinterfragen von Theorien und Ansätzen wichtig. Um das Hinterfragen systematisch zu gestalten, ist eine dauernde Bewegung notwendig, die im Verständnis von Praxis als Aktion und Reflexion präsent ist. Kritische Annäherung an Ansätze, die als Selbstverständlichkeiten vermittelt werden, die selten in der Ausbildung von Pädagog_innen hinsichtlich ihrer ideologischen Herkunft thematisiert werden. Denken wir zum Beispiel an Lifelong learning, an das Ziel der Förderung der Lernautonomie, der Selbstorganisation, des Lernenlernens ...

Um ser mais

Eine zentrale Frage im Kontext einer kritischen Bildungsarbeit in der Migrationsgesellschaft ist diejenige nach den Bedingungen der Gestaltung einer wechselseitigen und dialogischen pädagogischen Praxis unter dem Zeichen der Asymmetrie, da es sich um ein pädagogisches Verhältnis zwischen Akteur_innen, die in ungleichen gesellschaftlichen Machtpositionen sind, handelt. Dialog wird bei Freire nicht bloß als Interaktion verstanden und erschöpft sich nicht im Austausch von Erfahrungen, Wissen, Meinungen usw. Dialog ist keine selbstverständliche Folge von partizipatorischen Prozessen und Methoden: vor allem weil Partizipation als ein Mittel zur Insertion in die dominanten Verhältnisse und zur Stabilisierung dieser Verhältnisse fungieren kann, während Dialog in Rahmen einer radikalen pädagogischen Praxis als dialektisch und problematisierend verstanden wird. Der Dialog ermöglicht einen Blick auf unsere gesellschaftliche Existenz als Prozess, als etwas, das aufgebaut wird, das nicht gegeben, sondern veränderbar ist. Der Dialog ermöglicht zwar Interaktion und das Mit-Teilen unterschiedlichen Wissens und unterschiedlicher Realitäten, aber sein Ziel ist, dadurch neues Wissen herzustellen, um in der geteilten Hoffnung etwas anderes („um ser mais") aufzubauen. Außerdem impliziert Dialog gesellschaftliche Handlung, d.h. er erschöpft sich nicht im Sprechen (Streck/Redin/Zitkoski 2008, S. 115–117).

Hiermit stellt sich der Link zum vorher besprochenen Verständnis von kritischer Bildungsarbeit als Organisation einer Praxis her.

Aber wie agonistisch ist Dialog? Und kann es einen Dialog unter Antagonist_innen geben?

Sind im Ansatz der Pädagogik der Unterdrückten (Freire) Merkmale einer christlichen Ideologie erkennbar? Ist eine Missionierungshaltung – im Einklang mit der christlichen Lehre – impliziert? Wieviel Raum gibt es hier für Konflikte? Ich schlage ein Buch von Rubem Alves aus dem Jahr 1982 auf. Rubem Alves war ein stark rezipierter lutherischer Theologe, Philosoph, Psychoanalytiker, Autor und Hochschullehrer in Brasilien. Er gilt mit Gustavo Gutierrez, Lucio Gera und Leonardo Boff als Vordenker der Befreiungstheologie.

In seinem Buch „Gespräche mit denjenigen, die gerne unterrichten" lese ich auf der dritten Seite:

„Wo werden die Erzieher (sic!) wohl sein? In welcher Höhle werden sie sich versteckt haben? Lehrer gibt es Tausende. Aber Lehrer zu sein ist ein Beruf, es ist nicht etwas, das sich aus dem Inneren bildet, das heißt, durch Liebe. Erzieher dagegen ist kein Beruf, es ist Berufung. Und jede Berufung entsteht aus einer großen Liebe, aus einer großen Hoffnung." (Alves 1982, S. 11, Übersetzung RS)

Auch für Freire spielt das Konzept der Berufung eine zentrale Rolle. Und im Zusammenhang mit Dialog betont er, dass die dialogische Haltung zentraler Grundsatz im Befreiungsprozess sei. Bildung in seinem Verständnis beginnt durch das Vorbild der Lehrenden, sie verdeutlichen ihre politischen und philosophischen Überzeugungen durch Ablegen von Zeugnis.

Ausgangspunkte einer Praxis agonistischer Bildung

Ein Konzept von agonistischer Bildung in Anlehnung an radikaldemokratische Positionen, wie es auch trafo.K vertritt, eröffnet möglicherweise eine Alternative für diejenigen, die, in einer kritischen Würdigung der Arbeit von Pädagog_innen wie Paulo Freire und anderer damaliger lateinamerikanischer Intellektueller, ihre Praxis nicht an Konzepten wie Berufung, Befreiung oder dem Ablegen von Zeugnis orientieren oder, wie Freire es formuliert, auf diese gründen wollen. Sind dies doch Konzepte, die nah an Missionierungs- und/ oder Bekehrungsvorhaben liegen. Zudem könnten wir hier eventuell einem Tabuthema, das jedoch Realität in der Praxis bildet, begegnen: Wie mit Antagonismen im pädagogischen Verhältnis professionell und ethisch umgehen? Wie als Pädagog_innen mit gegnerischen Positionen umgehen? Bekehrend? Aufklärend? Befreiend?

Chantal Mouffe schreibt, dass es im Agonismus um die Beziehung zwischen Gegner_innen gehe, die die Legitimität der gegnerischen Forderungen anerkennen.

„Obwohl sie wissen, dass es keine rationale Lösung für ihren Konflikt gibt, akzeptieren Gegner dennoch eine Reihe von Regeln, die ihren Konflikt regulieren. Was zwischen Gegnern besteht, ist sozusagen ein konflikthafter Konsens." (Mouffe, 2014, S. 200) Die in diesem Modell konzipierten Gegner „(...) stimmen über die grundsätzlichen ethischen und politischen Prinzipien überein, die ihre politische Gemeinschaft ausmachen, widersprechen sich aber im Hinblick auf deren inhaltliche Auslegung." (ebd.)

Die Frage, wie ein solches Konzept agonistischer Bildung in pädagogische Praxis übersetzbar wäre und ob es sinnvoll für diese Praxis wäre, bleibt hier nur als Hinweis auf notwendiges Weiterdenken.

Und im Fluss meines Schreibens vergegenwärtigen sich die Verse aus dem Lied „Fora da Ordem", das ich am Beginn des Vortrages vorgespielt habe. Caetano Veloso schrieb das Lied 1991, nachdem George W. Bush die neue Weltordnung erklärt hatte. Der Refrain als irritierende Anmerkung zum Mantra der neoliberalen Alternativlosigkeit: „Something ist out of the order, out of the new world order".

Die abschließenden Verse seines Lieds als poetische Version einer demokratischen Erneuerung:

Ich warte nicht auf den Tag
an dem alle Menschen einverstanden sind.
Ich weiß nur von unterschiedlichen
schönen möglichen Harmonien
ohne das jüngste Gericht.

Literatur

Rubem ALVES, Conversas com quem gosta de ensinar, Cortez, São Paulo 1982.

Sandra DA RIN, Sibylle KÜNKLI, Politische Bildung und demokratische Erziehung. Studie zum Politikverständnis von Lehrkräften, in: Widerspruch 55/2008.

Paulo FREIRE, Consciência e história: a práxis educativa de Paulo Freire (antologia), Editora Loyola, São Paulo 1978.

Paul MECHERIL, María do Mar CASTRO VARELA, İnci DİRİM, Annita KALPAKA, Claus MELTER, Migrationspädagogik, Beltz Verlag, Weinheim und Basel 2010.

Hanna MEIßNER, Jenseits des autonomen Subjekts. Zur gesellschaftlichen Konstitution von Handlungsfähigkeit im Anschluss an Butler, Foucault und Marx, transcript Verlag, Bielefeld 2010.

Chantal MOUFFE, Agonistik. Die Welt politisch denken, Suhrkamp, Berlin 2014.

Antonio NEGRI, Raúl SÁNCHEZ CEDILLO, Für einen konstituierenden Prozess in Europa, mit einer Einleitung versehen und herausgegeben von Isabell Lorey und Gerald Raunig. Transversal texts, 2015.

Danilo R. STRECK, Euclides REDIN, Jaime José ZITKOSKI (Hg.), Dicionário Paulo Freire, 2. Auflage, Editora Autêntica, Belo Horizonte 2009.

Interview mit Ayşe Güleç von Elias Berner, Veronika Gaitzenauer und Franziska Kabisch

Das Protokoll unterlaufen und das Unsagbare bezeichnen

In ihrem Vortrag „Das Wissen der Betroffenen" berichtete Ayşe Güleç von Perspektiven und Vernetzung der von der NSU-Mordserie betroffenen Familien. Eine besondere Rolle spielt dabei die Familie Yozgat in Kassel, die 2006 ihren Sohn Halit verloren hat und seitdem aktiv die staatlich durchgeführte Aufklärung des Mordes kritisiert und durch Eigenrecherche kontrastiert.

Das Interview nimmt Bezug auf Ayşe Güleçs Vortrag und dessen Inhalte, wie zum Beispiel das Gerichtsverfahren zum Mord an Halit Yozgat, die Widerstands- und Gedenkarbeit der Familie Yozgat und der migrantischen Community in Kassel, das Verhältnis von „Laut- und Leisedrehen" sowie die Perspektiven und das Wissen von Betroffenen.

Zuallererst eine Begriffsfrage. Das „migrantisch situierte Wissen", was bedeutet das für dich und welche Rolle spielt es für Selbstermächtigung in politischen Kontexten?

Ayşe Güleç: Mit „migrantisch situiertem Wissen" meine ich in diesem Kontext eine Wissensform, die sich aus Rassismuserfahrung speist. Jene Personen wissen, wie Rassismus funktioniert bzw. wie struktureller Rassismus alles durchdrungen hat, was er mit ihrem Leben macht und was für eine Ökonomie er produziert. Dieses Wissen – nicht nur weil es um Rassismuserfahrung geht – ist bedeutend, weil in diesem Wissen Funktionsweisen von Rassismus und Gegenstrategien liegen: Wie können wir uns dem entgegenstellen, wie können wir damit umgehen, es umgehen und dagegen angehen. Es ist eine Wissensform, die für die Analyse von Rassismus sehr wichtig ist. Wir können sie als Analysekriterium anwenden, als Perspektive einnehmen und alle davon lernen.

Du hast deinem Vortrag den Titel „Das Wissen der Betroffenen" gegeben. Der Begriff der Betroffenen wird bei dir sehr ermächtigend und

produktiv benutzt, insofern als man sich auf die eigenen Erfahrungen berufen kann und dem eigenen Wissen Gültigkeit einräumt. Wir haben uns gefragt, ob das nicht ein gefährlicher Balanceakt ist, weil man auf das Betroffensein festgenagelt werden kann und dann doch in einen Opferstatus gerät, im Sinne von: „Sie sind davon betroffen, deshalb können Sie sich gar nicht objektiv dazu äußern." Wie kann man das umgehen und diesen Begriff trotzdem produktiv einsetzen?

Das ist eine sehr gute Anmerkung, über diesen Zusammenhang hab ich mir auch schon viele Gedanken gemacht. Ich hab aber trotzdem diese Überschrift benutzt, auch bewusst, weil es mir darum ging, aufzuzeigen, wie die Betroffenen selbst ihren Opferstatus ablegen – indem sie nämlich aktiv handeln und Dinge erfinden, um den Rassismus im NSU-Komplex aufzuzeigen. Zum Beispiel im Gerichtsverfahren, von dem ich gesprochen habe. Mir ging es um den Kontext des Prozesses ging und darum, wie Betroffene es sozusagen selbst schaffen, diesen Status zu verlassen, indem sie aktiv werden und sich eben nicht auf diesen Opferstatus festschreiben lassen, weil ihnen dieser zu passiv ist.

Das hat natürlich immer wieder Konsequenzen: Es gibt hier eine Art Ambivalenz im Umgang mit den Betroffenen. Sobald sie aktiv werden und Zeugnis über den Tathergang und ihre eigene Traumatisierung hinausgehend ablegen – wenn sie also das Thema breiter aufmachen –, werden sie genau in diesen Momenten gestoppt. Die Angehörigen der Mordopfer und die Überlebenden der Bombenanschläge, die in diesem Verfahren aktiv wurden, sind durch aktives Handeln aus dem Opferstatus herausgetreten. Das war eine wichtige Transformation.

Du meinst, indem sie sich auf die eigene Perspektive berufen, aber diese aktiv als Mittel einsetzen, um nicht passiv abgestempelt zu werden …?

Ja, weil sie ihre eigenen Erlebnisse und Erfahrungen wie beispielsweise mit Ermittlungsmethoden, einbringen wollen. Aber genau in dem Moment, wenn sie das tun, verlassen sie diese Rolle des ihnen zugewiesenen Platzes des Opfers/der Betroffenen, weil diese zu passiv ist und sie auch den strukturell-institutionellen Rassismus „bezeugen" wollen, den sie über viele Jahre erleben mussten. Das heißt, die Familie Yozgat spricht nicht nur darüber, wie sie ihren

Sohn gefunden hat. Das kommt ja nur an einer Stelle des Protokolls von NSU-Watch vor. Von Seiten des Gerichtes gibt es kein Protokoll. Warum eigentlich nicht? Als ein Staatssicherheitsverfahren ist dieser Prozess nach 1945 immerhin ein sehr bedeutsames Verfahren. Doch das Gericht hat selbst entschieden, dass es keine öffentlichen Aufzeichnungen gibt.

Herrn Yozgat war es zuallererst wichtig, alle Dinge in diesem Gerichtsverfahren vorzutragen. Das bezog sich vor allem darauf, wie sie als Familie jahrelang unter Druck gesetzt wurden, wie sie als Täter behandelt wurden, wie ihnen nicht geglaubt wurde, wie sie dadurch verunglimpft und isoliert wurden in ihren eigenen Communities. Genau in den Momenten, in denen er das tut oder tat, wurden die Vertreter_innen auf der Richterbank ungeduldig, fast unwirsch.

Das heißt, dieser Gerichtssaal definiert sehr stark auf formaler Ebene, was gesagt werden kann und was eben nicht. Und eine performative Handlung ohne verbaler Ebene – zum Beispiel wenn Herr Yozgat sich im Saal auf den Boden legt, um zu zeigen, wie er seinen Sohn gefunden hat –, das passt dort gar nicht rein. Oder soll dort nicht reinpassen.

Ja, zumal wenn Herr Yozgat beispielsweise so handelt, dann wird er auch immer so behandelt, als ob er die Distinktionssysteme des Gerichts nicht richtig kennen würde. Als der damalige Verfassungsschutzmitarbeiter Andreas Temme aussagte, der ja im Internetcafé war, als Halit umgebracht wurde, wollte Herr Yozgat auch Fragen an ihn stellen, woraufhin der Richter ihn beziehungsweise seinen Anwalt ermahnte, er solle doch seinem Mandanten mal erklären, wie das hier funktioniert und dass es bestimmte Regeln gibt. Herr Yozgat wird also immer so dargestellt, als ob er etwas tun würde, was dort gar nicht rein passt.

Der NSU-Prozess zeigt post-kolonialistische Praktiken. Daher benutze ich den Begriff des „Silencing", weil dieses Leisedrehen eine alte Praxis ist. Das bedeutet aber nicht, dass die Betroffenen aufhören zu reden. Sie verstummen nicht, ganz im Gegenteil, sie erfinden eine Praxis, um weiter zu sprechen und Zusammenhänge zu zeigen. Und: Sie klagen den strukturellen Rassismus weiter an.

Ibrahim Arslan, dessen Familienhaus in den 90iger Jahren in Mölln durch einen Anschlag abbrannte, wurde von seiner Oma gerettet, indem sie ihn in nasse Tücher einwickelte und so hat er diesen Brandanschlag überlebt. Ibrahim Arslan politisiert den Begriff und den Status des Opfers und fordert ein, dass Opfer reden können und wollen. Das empfinde ich als ein sehr starkes Moment, dass „Opfer“ nicht nur schwach gedacht werden kann, sondern auch eine politische Dimension haben kann. So wendet Ibrahim den Begriff „Opfer“ und macht eine wichtige politische Position daraus.

Wenn sich die Opfer aus diesem klassischen Bild des Opfers rausbewegen und in den Widerstand bringen, kommt oft das „Silencing“, das du erwähnt hast, ins Spiel. In deinem Vortrag ging es viel um Strategien, wie man gehört werden kann. Aber was muss sich eigentlich ändern, damit dieses Leiserdrehen gestoppt wird und zugehört wird?

Das ist auch ein Teil von Rassismus: das Nicht-Hören-Wollen, Nicht-Wahrnehmen-Wollen, eine strukturelle Ignoranz, weil Privilegierte nicht hinhören müssen. Und ich glaube, dass das einfach nur durchbrochen werden kann, indem immer mehr Leute bewusst eine andere Perspektive einnehmen, aus der Perspektive von Rassismusbetroffenen argumentieren und diese Perspektiven stark machen und breit machen und laut machen, sodass es eben nicht überhört werden kann.

Das ist das, was die Initiativen in Kassel, in Köln und anderswo oder die Oury-Jalloh-Initiative und der Freundeskreis zum Gedenken an den Brandanschlag in Mölln 1992 tun. Wir tun das, damit es a) ein Nicht-Vergessen und b) ein Erinnern gibt, welches aber auch einer antirassistischen Praxis der Ermächtigung folgen soll.

Daher ist das Thema Vernetzung ganz wichtig, eine Form von Vernetzung mit den Betroffenen. Ich sage wieder „Betroffene“, wobei hier die Schwierigkeit ist: Wer ist denn eigentlich betroffen? Sind es die, die durch die NSU direkt angegriffen wurden? Ist der Kreis der Betroffenen nicht größer? Denn auch ich war gemeint wie auch ihr und wir alle. Wir alle als Gesellschaft wurden angegriffen und sind alle betroffen von diesem Rassismus. Vernetzung ist da das Wichtige, weil das natürlich Positionen und Perspektiven und ein bestimmtes Wissen stark macht. Darum geht es – eine bestimmte Form der Solidarisierung auch mit den Familien der NSU-Opfer zu suchen und mit ihnen zusammenzustehen.

In Bezug auf den Strafprozess hast du erzählt, dass es auch Momente der Enttäuschung bei den Familien gab, als sie gemerkt haben, sie können hier keine Unterstützung erwarten und dass mit bestimmten hegemonial situierten Institutionen einfach keine Kooperation möglich ist.

Für uns stellt sich die Frage, wo es sich lohnt, schon mit staatlichen Institutionen zu kooperieren und zu sagen: „Wir müssen da dran bleiben und uns auch die Zähne ausbeißen"? Und wo ist der Punkt erreicht, wo die Energie einfach nur verpufft? Wie kann man mit dieser voraussehbaren Enttäuschung umgehen, da es diese strukturelle Gewalt und dieses strukturelle Silencing gibt, und dabei trotzdem nicht aufgeben?

Es gibt immer ein ambivalentes Verhältnis und Problem zwischen nicht-staatlichen Organisationen und staatlichen Organisationen betreffend der Formen des Erinnerns und Gedenkens. Also die Stadt Kassel beispielsweise: Wenn es um den Gedenktag geht, dann werden Reden gehalten, die natürlich sehr repräsentativ sind. Eine Forderung, die hier noch immer ungelöst im Raum steht, ist die der Familie Yozgat nach der Umbenennung der Holländischen Straße, da in dieser Straße Halit geboren und auch ermordet worden ist. Die Familie wünscht sich, dass diese Straße nach ihm umbenannt wird. Als Initiative teilen wir die Forderung. Ein Argument der Leute von der Stadt ist, dass Straßen nur nach Personen benannt werden, die auch Wichtiges für die Stadt und die Stadtgesellschaft geleistet haben. Im Subtext heißt es: Der rassistische Mord ist nicht so wichtig und deshalb muss er nicht im öffentlichen Stadtraum markiert werden. Öffentlich sagen dann wichtige Repräsentanten der Stadt, es ginge nicht, eine Straße nach einem Opfer umzubenennen, weil es ja zehn Mordopfer gab. Im Umkehrschluss könnte gefordert werden: „Dann müssen wir zehn Straßen umbenennen!"

Daran wollte ich aufzeigen, was auch unterschiedliche Denkweisen, unterschiedliche Arbeitsweisen, Haltungen in der staatlichen-repräsentativen und anti-rassistischen Gedenkpolitik sind. Aber manchmal gibt es darin auch Verschiebungen und die finde ich interessant. Ich mag es sehr, wenn jemand, der vorher eine ganz andere Position hatte, im Ortsbeirat jetzt sehr aktiv ist und dann Teil dieser Initiative wird. Das kann passieren und es ist toll, wenn das passiert. Wenn dann Leute plötzlich selbst daran teilhaben und etwas ermöglichen, wenn sie Perspektiven ändern und einnehmen, die sie vorher verneint haben.

In Bezug auf pädagogische Arbeit haben wir uns gefragt: Wie können die Perspektiven der Betroffenen und das Wissen aus migrantischen Communities in der Bildungsarbeit eingesetzt werden? Oft wird das Wissen dieser Positionen angenommen, während die Strukturen aber unverändert bleiben. Wie kann man verhindern, dass dieses Wissen nur eine Lücke füllt in einer Institution, die sonst gleich bleibt?

Ich glaube, das geht, indem man vielleicht mit diesem Wissen oder mit dieser Perspektive des migrantisch situierten Wissens wie mit einer anderen Folie arbeitet. Dadurch wird sichtbar, wie aus einer anderen Perspektive dargestellt wird und vielleicht auch wie etwas wahrgenommen wird. Das könnte eine Möglichkeit sein, um deutlich zu machen, was zum Beispiel in einer Stadt immer Präsenz gewinnt. Wenn man das jetzt an einem Stadtraum festmacht, so ganz konkret, dann könnte man sich tatsächlich anschauen, wie Straßen eigentlich nach bestimmten Personen benannt werden. Da kommt man nämlich ganz schnell darauf, dass es Straßen gibt, die nach irgendwelchen Leuten benannt sind, die in der Kolonialzeit sehr aktiv waren oder Nazis, die in den 30er, 40er Jahren etwas gemacht haben. Was erzählt das denn eigentlich über diese Stadt und über deren Geschichte? Also, dass man das gegenliest und eher dekonstruktivistisch damit arbeitet. Aber ihr seid ja auch die Expert_innen dafür. Wie würdet ihr das denn sehen?

Hm … Wir könnten uns vorstellen, genau das, was du mit der Stadt beschreibst, auf Institutionen zu übertragen und zum Beispiel verschiedene Routinen in den Blick zu nehmen und zu gucken, was hier als selbstverständlich und normal angesehen wird. Also nicht nur inhaltlich – welches Wissen wird vermittelt oder was sind die Lehrinhalte? –, sondern: Was wird gemacht, wie wird es gemacht, wer macht es und was wird nicht gemacht? Sozusagen den Blick auf eine Makroebene lenken, auf das, was selbstverständlich und so normalisiert ist, weil genau das ja wahrscheinlich das Gefährliche ist.

Ja, das ist ja oft auch ein Problem in der Pädagogik. Annita Kalpaka hat dazu mal einen guten Text geschrieben, den ich für Fragen der Bildungsarbeit ganz wichtig und zentral finde. Sie hat mit Nora

Räthzel das Buch „Die Schwierigkeit, nicht rassistisch zu sein" herausgegeben und auch ein paar wichtige Texte geschrieben, einer davon heißt „Von Elefanten auf Bäumen". Ich finde den Text sehr klug, weil sie verschiedene soziale Einrichtungen, vor allem Bildungseinrichtungen für Kinder, untersucht hat und dabei zwei Handlungsweisen in diesen Institutionen festgestellt hat. Die eine beschreibt sie als eine starke Homogenisierung. Das heißt, wir machen alles für alle gleich. Und die andere Handlungsweise hat sie als eine starke Differenzierung beschrieben. Das heißt, z.B. bei einem türkischen Kind muss ich das so und so machen oder bei einem Kind mit einer Behinderung muss ich das so und so machen. Das Problem ist – und das finde ich klug an diesem Text –, beides führt zur Benachteiligung und zur Diskriminierung. Wenn bei der Differenzierung eine bestimmte kulturalistische Zuweisung passiert, ist das natürlich auch völlig diskriminierend, weil es von einer kulturellen Konstruktion ausgeht, die mit der Wirklichkeit nichts zu tun hat. Diese institutionellen Handlungsbeschreibungen fand ich ziemlich interessant und sie begegnen mir immer wieder, gerade auch in der Bildungsarbeit, der Pädagogik, der Altenarbeit und so weiter. Damit einher geht der institutionelle Rassismus. Rassismus durchdringt alles, mit dem wir zu tun haben. Er tritt auf in Institutionen, in Büchern, auf der Straße, im Arbeitsleben bis zu unserer Wahrnehmung, unseren Sichtweisen, unseren Freundschaften ... Es gibt Leute, die davon profitieren und andere müssen damit irgendwie umgehen, um trotzdem leben zu können und im besten Fall nicht attackiert zu werden.

Und wenn man darüber nachdenkt, wie man in dieser Struktur gegen diese Struktur arbeiten kann, da passt das, was du am Anfang des Gesprächs gesagt hast, ganz gut: dieser Begriff des Betroffenseins, der ja eigentlich eine Passiv-Konstruktion ist, aber von den Betroffenen aktiv genutzt wird. Und darin liegt ja irgendwie das widerständige Moment.

Ja, ich mach das immer an der Familie Yozgat deutlich, aber auch bei den anderen ist das nicht anders. Natürlich ist das Gericht als Ort der Rechtsprechung nicht frei von gesellschaftlichen Strukturen. Und das wird in diesem Prozess eigentlich sehr deutlich. Hier erfährt man ganz konkret, wie Rassismus hier funktioniert: als ein *weißer* Raum, in dem über Recht gesprochen werden soll, jedoch die

Betroffenen nicht über Rassismus als das Unsagbar-Gemachte sprechen dürfen, sondern nur über ihre eigene Traumatisierung. Dennoch versuchen sie dieses Protokoll immer wieder zu unterlaufen und das Unsagbar-Gemachte zu bezeichnen. Das tun sie, während sie die Strukturen anerkennen. Sie bejahen und affirmieren diese Rituale und Autoritäten, formulieren gleichzeitig ein NEIN und bringen immer wieder ihre Perspektiven ein.

Ja, und sie erfinden neue Sprachen und fordern damit die hegemoniale Seite auf, diese Sprachen auch zu lernen. Und da ist ja sozusagen das Widerstandsmoment.

Ja!

Liebe Ayşe, vielen Dank für das Gespräch!

Die Langversion dieses Interviews ist nachzulesen unter http://trafo-k.at/verlernen/.

Arif Akkılıç und Ljubomir Bratić im Interview mit Antonia Fätkenheuer und Frank Schuller

„... dass die Politik des Sammelns eine andere wird"

„Der Begriff ‚Archiv' ist ein strategischer Begriff insofern, als das Archiv einen Zweck erfüllen soll. Es soll auf eine Ungleichheit hinweisen und zu Gleichheit beitragen.

Es ist ja nicht nur das Archiv, sondern es geht auch um die Geschichtsschreibung, also dass Migrationsgeschichte z.B. Teil des Unterrichts in Schulen wird. Man sieht, dass die Stadt nach wie vor all diese Dinge nicht berücksichtigt. Über diese Geschichte zu sprechen und diese Geschichte zu konservieren, liegt anscheinend nicht im Interesse der Verwaltung. Es musste erst von uns, also von außen, diese Idee herangebracht werden, obwohl die Stadt ja seit Jahrzehnten Migrationserfahrung hat.

Was das Archiv zu einen transnationalen Ort macht ist, dass es um Forderungen von Migrant_innen nicht nur an die Gesellschaft und den Staat Österreich, sondern auch um viele Forderungen und Kritiken an ihren Herkunftsländern geht, für die sie hier eine Öffentlichkeit herstellen wollen. Diese Form von Transnationalität müssen wir berücksichtigen."

aus „... dass die Politik des Sammelns eine andere wird" Interview mit Arif Akkılıç und Ljubomir Bratić von Antonia Fätkenheuer und Frank Schuller, nachzulesen unter „Texte" auf trafo-k.at/verlernen/

„Wir gehen davon aus, dass wir nicht in einer Gesellschaft der Gleichheit leben, sondern in einer hoch stratifizierten Gesellschaft, in der Ungleichheit auf allen Ebenen herrscht, in der es unterschiedliche Gruppen mit unterschiedlichen Rechten gibt. Und in der es ganz unterschiedliche Mechanismen gibt, wie die Gruppen in Prozesse einbezogen oder wie sie ausgeschlossen werden. Es geht darum, diese Regelungen zu hinterfragen und zu überwinden. Und zwar im Rahmen der klassischen Bürgerrechte. Was wir wollen, ist Freiheit, Gleichheit und Solidarität.“

aus „… dass die Politik des Sammelns eine andere wird“ Interview mit Arif Akkılıç und Ljubomir Bratić von Antonia Fätkenheuer und Frank Schuller, nachzulesen unter „Texte“ auf trafo-k.at/verlernen/

Aslı Kışlal im Interview mit Karla Schmutzer, Christine Nagy und Letafat Tavakoli

„Wenn ich Theater mache, führt mich mein politisches Bewusstsein und wenn ich mich mit der Welt beschäftige, hilft mir mein Theatermacherin-Sein"

" Es braucht eine Dekolonisierung, um die Kunst von ihrem kolonialistischen Denken zu befreien.

Bilder haben einen sehr großen Einfluss auf uns Menschen und gewohnte Bilder denken wir, ohne sie in einen Kontext zu setzen. So entsteht durch Sehgewohnheiten eine Normierung, die wir nicht mehr hinterfragen, auch wenn sie mit der Realität, die uns umgibt, nur wenig zu tun hat. "

aus „Wenn ich Theater mache, führt mich mein politisches Bewusstsein und wenn ich mich mit der Welt beschäftige, hilft mir mein Theatermacherin-Sein" Interview mit Aslı Kışlal von Karla Schmutzer, Christine Nagy und Letafat Tavakoli, nachzulesen unter „Texte" auf trafo-k.at/verlernen/

„Auch wenn Migration in vielen Formen die zentraleuropäische Gesellschaft schon sehr lange beeinflusst, beschäftigt sich die breite Öffentlichkeit noch nicht lange mit diesen Themen. Aktuell jedoch gibt es keinen politischen Diskurs, in dem nicht Migration und Flucht zum Thema gemacht werden, ebenso werden alle Wahlen zu einer Pro- oder Kontra-Immigrations-Entscheidung zugespitzt. Daraus folgt, dass sich ein lebendiges Theater in der nahen Zukunft immer mehr mit den neuen Gegebenheiten in der Gesellschaft, mit den extremen Haltungen, mit neuen Geschichten, sozialer Ungleichheit, faschistischen Tendenzen und hoffnungsvollen Geschichten beschäftigen muss.“

aus „Wenn ich Theater mache, führt mich mein politisches Bewusstsein und wenn ich mich mit der Welt beschäftige, hilft mir mein Theatermacherin-Sein“ Interview mit Aslı Kışlal von Karla Schmutzer, Christine Nagy und Letafat Tavakoli, nachzulesen unter „Texte“ auf trafo-k.at/verlernen/

Rubia Salgado im Interview mit Nina Geschl und Fabio Otti

„Es fehlt Dissensfähigkeit in dieser Gesellschaft"

„Viele haben den Anspruch, kritische Bildungsarbeit zu machen, aber eine kritische Bildungsarbeit ist zum Scheitern verurteilt, wenn sie nicht zur Organisation einer Veränderungspraxis führt. Und dieser Praxisort ist die Zivilgesellschaft, wo die Kämpfe durchgeführt werden müssen."

aus „Es fehlt Dissensfähigkeit in dieser Gesellschaft" Interview mit Rubia Salgado von Nina Geschl und Fabio Otti, nachzulesen unter „Texte" auf trafo-k.at/verlernen/

„Dialog ist ein altes Thema unserer Arbeit. Wir [von maiz] sind sehr geprägt von der lateinamerikanischen, kritischen Bildungstheorie und da ist Dialog eigentlich der Weg: über den Dialog zur Welt. Also im Dialog über die Welt zu denken, im Dialog die Welt zu adressieren, im Dialog Perspektiven zu entwerfen, im Dialog Strategien zu entwerfen, im Dialog, in Zusammenarbeit die Welt zu verändern. [...] Dialog wird hier viel mehr verstanden als die Möglichkeit, ein anderes Wissen herzustellen, das vorher noch nicht da war.“

aus „Es fehlt Dissensfähigkeit in dieser Gesellschaft“ Interview mit Rubia Salgado von Nina Geschl und Fabio Otti, nachzulesen unter „Texte“ auf trafo-k.at/verlernen/

ver sammeln

Regina Wonisch

Archive als Orte emanzipatorischer Bildungsprozesse?

Im populären Sprachgebrauch wird der Begriff „Archiv" derart inflationär verwendet, dass beinahe alle Orte, die alte, für wertvoll befundene Materialien aufbewahren und zugänglich machen, als Archiv bezeichnet werden (Österreichisches Staatsarchiv, o. J.). Archiv leitet sich aber nicht von griechisch *archaios* (alt), sondern von *arché* (Regierung, Behörde, Amt) ab. Gegenstand archivischer Verwahrung und Betreuung ist – nach Eckhart G. Franz – das gesamte Schrift-, Bild- und Tongut, das als dokumentarischer Niederschlag der Tätigkeit staatlicher und nichtstaatlicher Dienststellen, aber auch anderer Einrichtungen, Verbände, Betriebe oder Einzelpersonen erwächst, soweit es aufgrund seines rechtlich-verwaltungsmäßigen, aber auch seines historischen, wissenschaftlichen oder künstlerischen Quellenwertes als archivwürdig eingeschätzt wird (Franz 1999).

Archive waren also zunächst das „Gedächtnis" der sie tragenden und speisenden Verwaltung und übernahmen damit vor allem die Aufgabe der Rechtssicherung. Auf diese Weise mit dem staatlichen und kommunalen Verwaltungsapparat verknüpft, können Archive gar nicht anders, als Orte der Macht zu sein. In einem gleichsam selbstreferenziellen Prozess beziehen sie sich auf den Machtapparat, dem sie unterstehen und den sie zugleich repräsentieren: Archivgesetze regeln in den meisten Ländern die Abgabepflichten der Behörden, so dass die sachliche Zuständigkeit eines Archivs den Kompetenzen der Behörden, von denen das Archiv das Schriftgut übernimmt, entspricht.

Das Archivgut wird von den Archiven nicht gezielt gesammelt oder angekauft, sondern wächst ihnen seitens des Archivträgers und Schriftgutproduzenten – Behörden, Dienststellen und sonstige Registratur bildende Institutionen – gleichsam automatisch zu. Nur die Hinterlassenschaften natürlicher Personen hängen vielfach von Überlieferungszufällen ab, nachdem für private Schriftennachlässe ja keine Abgabepflicht an staatliche oder kommunale Archive besteht.

Anders als bei Sammlungen folgt der Aufbau eines Archivs mit wenigen Ausnahmen keinem künstlichen Ordnungsschema nach Sachthemen – oder er tut es nicht mehr. Das ältere Pertinenzprinzip, demzufolge das Behördenschriftgut ohne Rücksicht auf die Provenienz nach Sachbetreffen aufgeteilt wurde, wurde an der Wende vom 19. zum 20. Jahrhundert vom Provenienzprinzip abgelöst. Danach werden die Materialien möglichst in ihrem Entstehungszusammenhang und Ordnungszustand belassen. Nach Betreffen oder künstlichen Kriterien sind in Archiven nur die so genannten Sammlungen, wie Handschriften-, Plakat-, Flugblätter- oder Zeitungsausschnittsammlungen und zeitgeschichtliche Dokumentationen, gegliedert. Vordergründig erscheint es also so, als ob kommunale und staatliche Archive keine spezifischen Anliegen im Hinblick auf die inhaltliche Zusammensetzung ihrer Bestände verfolgen. Doch mit dieser scheinbar neutralen Position werden die Interessen des dahinter stehenden Apparats verschleiert.

Archive als „Gedächtnisspeicher"

In der zweiten Hälfte des 19. Jahrhunderts gewann die nachgeordnete Funktion der Archive als „Rohstofflager der historischen Forschung" zunehmend an Bedeutung. Vor diesem Hintergrund können sie heute in einem viel weiteren Sinne als „Gedächtnisspeicher" betrachtet werden. Diese Ausweitung des Archivbegriffs ging mit dem Entstehen der modernen Geschichtswissenschaft einher. Doch aufgrund der unveränderten Aufgabenstellung – der Übernahme des Schriftgutes unterschiedlicher Ämter und Institutionen – bleibt das, was kommunale und nationale Archive als Gedächtnisinstitutionen leisten, begrenzt. Sie können nur die Perspektive der Macht, des Apparats widerspiegeln, so dass die Sichtweisen anderer Organisationen und Subjekte, wenn überhaupt, nur als Negativfolie erscheinen können. Historische Forschungen, die gleichsam der gesamten Gesellschaft verpflichtet sind, bedürfen daher weiterer Quellen, die in den offiziellen Archiven nicht zu finden sind.

Demzufolge haben soziale Bewegungen – wie die Arbeiter_innenbewegung oder die Frauen- und Lesbenbewegung –, aber auch unterschiedliche Vereine und Selbstorganisationen begonnen, eigene Sammlungen anzulegen. Ab einer gewissen Größe und einem

Grad der systematischen Erfassung wurden sie als Archive bezeichnet, wenngleich es sich streng genommen um Sammlungen handelte. Denn die Materialien müssen aktiv zusammengetragen werden, sie fallen nicht einem Gesetzestext folgend automatisch an. Es ist vielmehr der Wunsch nach Sichtbarkeit, nach gesellschaftspolitischer Verankerung und nach Selbstbehauptung, der die Protagonist_innen zur Selbsthistorisierung antreibt und damit in gewisser Weise per se in Opposition zu staatlichen und kommunalen Archiven setzt. Denn gesammelt und dokumentiert wird, was in anderen Institutionen fehlt, was aus unterschiedlichen Gründen marginalisiert ist oder wird. Aufgrund des anderen Entstehungszusammenhangs verfolgen diese Archive meist auch das ältere Pertinenzprinzip, die Einteilung nach Sachgebieten oder der Chronologie.

Im Folgenden wird der Begriff „Archiv" also in der von Eckhart G. Franz kritisierten Weise verwendet – es bezeichnet eine Institution, die für wertvoll befundene historische Materialien aufbewahrt und zugänglich macht. Die Anmaßung, die dieser Bezeichnungspraxis eingeschrieben sein mag, ist kein Übersetzungsfehler, sie ist Ausdruck eines Aneignungsversuchs: Ein Ort der Macht soll in einen Ort der Kritik transformiert werden. Nicht alle Minderheitenpositionen sind widerständig und gesellschaftskritisch, in diesem Beitrag soll es jedoch um jene Archive gehen, die aus den sogenannten sozialen Bewegungen entstanden sind.

Möglichkeiten der Transformation

Die Arbeiter_innenbewegung, die Frauen- und Lesbenbewegung oder auch die Widerstandskämpfer_innen gegen das NS-Regime haben eigene Sammlungen angelegt und in Dokumentationsstellen verortet. Ein wesentlicher Unterschied zu den kommunalen und staatlichen Archiven besteht darin, dass diese Institutionen mit einer bestimmten und als solcher auch ausgewiesenen Intention aufgebaut und betrieben werden. Dabei handelt es sich um Gedächtnisspeicher, die als Orte der Selbstversicherung eine Innenwirkung für die eigene Bewegung und als Orte der Selbstbehauptung eine Außenwirkung gegenüber der Gesellschaft entfalten sollen. Die über die Selbsthistorisierung erfolgende Traditionsbildung ist also für die Mitstreiter_innen und Sympathisant_innen, aber auch für die gesellschaftliche Positionierung von Bedeutung. Auch wenn diese Archive zunächst aus der Organisationstätigkeit einer politischen oder sozialen Bewegung entstanden sind, weist das Material meist weit über die eigene Arbeit hinaus auf das weitere thematische Feld. Doch es geht nicht nur um das Sammeln und Dokumentieren an sich. Es macht einen Unterschied, ob die Materialien von Privatpersonen oder Organisationen gleichsam im Verborgenen bewahrt oder an einem öffentlichen Ort einer breiteren Öffentlichkeit zugänglich gemacht werden. Erst die konkrete Verortung im öffentlichen Raum macht das Archiv zum sichtbaren Zeichen, vielleicht auch zum Stachel in einem gesellschaftlichen Gefüge. Denn meist werden in den Archiven sozialer Bewegungen Fragestellungen verhandelt, die noch nicht in die gängigen Diskurse eingegangen sind oder aufgrund ihres widerständigen Potenzials auch niemals gänzlich in diese eingehen werden.

Die Geschichte hat jedenfalls gezeigt, dass diesen Archiven ein innovatives Potenzial innewohnt. So wurde der Verein für Geschichte der Arbeiterbewegung im Jahr 1959 gegründet, also lange bevor in den 1970er Jahren die Sozialgeschichte auch an den Universitäten zum Thema wurde. Ähnliches gilt für das 1963 gegründete Dokumentationsarchiv des österreichischen Widerstands, das in einer Zeit ins Leben gerufen wurde, als in Politik, Wissenschaft und Gesellschaft noch das „große Schweigen" im Hinblick auf die NS-Herrschaft in Österreich herrschte. Ein ähnlicher Befund gilt auch für die Neue Frauenbewegung: Die feministische Theoriebildung erfolgte zunächst nicht in den elitären Bildungsinstitutionen, sondern in den vielen Frauengruppen und -initiativen, die ihre Aktivitäten auch historisierten. Vor diesem Hintergrund ist es eigentlich nicht nachvollziehbar, warum sich außeruniversitäre Forschungseinrichtungen unter das Dach einer Universität begeben müssen, um weiterhin seitens der österreichischen Wissenschaftspolitik finanziell unterstützt zu werden.

Das Forschungszentrum für historische Minderheiten, in dem das Projekt „Strategien für Zwischenräume. Neue Formate des Ver_Lernens in der Migrationsgesellschaft" räumlich angesiedelt war, ist in gewisser Weise in der zuvor beschriebenen Archivtradition verankert, wenngleich es von der Bedeutung seiner Bestände zur tschechischen Minderheit in Wien her bei Weitem nicht mit den zuvor genannten Archiven zu vergleichen ist. Das 2007 auf Initiative des Vereins für Geschichte der Arbeiterbewegung ins Leben gerufene Forschungszentrum widmet sich der Minderheiten- und Migrationsforschung aus einer historischen Perspektive. Vor allem hat es sich zur Aufgabe gestellt, Archivmaterialien von tschechischen Organisationen und Vereinen zu bewahren, die andernfalls verlorengehen würden (Wonisch 2013). Denn die tschechischen Selbstorganisationen haben mit der zunehmenden Assimilation ihre ursprünglichen Funktionen weitgehend verloren. Das Archiv ist also nicht aus einer Initiative der Minderheit selbst entstanden, aber es steht wie die zuvor beschriebenen Institutionen in der Tradition der kritischen Gesellschaftsanalyse und hat in gewisser Weise auch ein innovatives Potenzial. Denn das Thema Migration ist zwar im politischen und gesellschaftlichen Diskurs präsent, aber nicht in den kommunalen und staatlichen Gedächtnisinstitutionen verankert.

Die jenseits der Archivgesetzgebung entstandenen Sammlungsinitiativen sind das Ergebnis komplexer Prozesse der (Selbst-)Historisierung von sozialen Bewegungen, Organisationen oder Einzelpersonen. Inwieweit es ihnen jedoch gelingt, sich zu institutionalisieren, hängt nicht zuletzt von den gesellschaftspolitischen Rahmenbedingungen ab. Doch selbst wenn die Gründung einer Institution erfolgreich war, stellt sich stets die Frage nach dem Status der Autonomie. Machen die Spezialarchive Sinn oder sollten sie vielmehr in die großen Erzählungen der kommunalen und staatlichen Gedächtnisinstitutionen eingehen, um dort zu einer Verschiebung des Blicks beizutragen? In den 1970er Jahren, als es darum ging, die Gesellschaft mit Wissenschaft, Kultur und Bildungsangeboten zu durchdringen, waren niederschwellige Institutionen gefragt. Aktuell lässt sich seitens der politisch Verantwortlichen ein gegenläufiger Trend feststellen: die Konzentration von wissenschaftlichen und kulturellen Initiativen in etablierten großen Institutionen.

Das Archiv als Wissens- und Bildungsort

Für einen eigenen Ort spricht, dass die Verlagerung kleinerer Archive in große Gedächtnisinstitutionen dazu führt, dass die Dokumente zwar in ihrer Materialität bewahrt, doch zugleich unsichtbar gemacht werden. Selbst ein marginalisiertes Archiv ist in der Öffentlichkeit präsenter als ein Teilbestand eines regionalen oder nationalen Archivs. Denn im Unterschied zu kommunalen und nationalen Archiven, denen der Großteil ihrer Bestände gleichsam von selbst zufällt, begeben sich die Betreiber_innen jener Archive, die auf einem gesellschaftspolitischen Anliegen gründen, aktiv auf die Suche nach Materialien. Diese aufsuchenden Sammelstrategien führen nicht nur zu Quellen, die andernfalls keinen Eingang in das kollektive Gedächtnis finden würden, sondern auch zu Kontakten in die jeweiligen Communities. Dies ist wiederum eine wesentliche Voraussetzung dafür, dass Personen und Organisationen auch von sich aus Materialien übergeben, die von den Archivmitarbeiter_innen vielleicht gar nicht aufzufinden gewesen wären. Auf diese Weise erzeugt der institutionelle Rahmen eine eigene Dynamik: Der Ort generiert die Sammlungen mit, aus denen dann neue Impulse, Projekte und Vernetzungen entstehen, die in der Folge neue Materialien hervorbringen. Auf diese Weise wird der Diskurs stets vorangetrieben und fließt in materieller Form wieder in die Sammlungen ein.

Da sich die beschriebenen Archive um gesellschaftspolitische Anliegen formierten, verknüpfen diese Institutionen ihre wissenschaftliche Dokumentations- und Forschungstätigkeiten oftmals auch mit einer breitenwirksamen Bildungsarbeit. Umgekehrt werden die niederschwelligeren Archive von Schulen und anderen Bildungseinrichtungen gerne für den Unterricht und andere Bildungsaktivitäten aufgesucht. Vor dem Hintergrund, dass Jugendliche vor allem das Internet als Informationsquelle nutzen, stellt die Auseinandersetzung mit authentischen Dokumenten und Materialien an einem konkreten Ort für die Jugendlichen eine neue und oftmals bereichernde Erfahrung dar. Zudem ermöglichen die Archivmitarbeiter_innen oftmals nicht nur den Zugang zu unterschiedlichen Quellen, sondern stehen auch als Expert_innen oder Zeitzeug_innen für die jeweiligen Benutzergruppen zur Verfügung. Die niederschwelligen Archive können so zu einem Begegnungsort mit Dokumenten, Dingen und Menschen werden. Die Erarbeitung von Inhalten und deren Verhandlung in einem sozialen Raum, der nicht das Schulgebäude ist, fordert die Jugendlichen und diejenigen, die die Prozesse begleiten, in besonderer Weise. Aber die sichtbaren Ergebnisse und die Artikulationsmöglichkeiten in einem semiöffentlichen Raum verschaffen den Jugendlichen oft eine Form von Anerkennung, die sie in konventionellen Bildungszusammenhängen kaum erhalten.

Dies könnte auch eine Antwort auf die gegenwärtig vielfach gestellte Frage sein: Wozu im digitalen Zeitalter all die steinernen Archive, wenn ganze Nachlässe auf einem Datenstick gespeichert werden können? Die Digitalisierung und Kommunikation von Materialien über das Internet ist auch für die „steinernen Archive" eine willkommene Möglichkeit, eine größere wissenschaftliche und interessierte Öffentlichkeit zu erreichen. Aber für die Bildungsarbeit ist das Archiv als öffentlicher Raum, der die Arbeit mit dem konkreten Material und den unmittelbaren Austausch mit Expert_innen über die erarbeiteten Inhalte ermöglicht, eine unverzichtbare Ressource. Und auch in dem Projekt „Strategien für Zwischenräume. Neue Formate des Ver_Lernens in der Migrationsgesellschaft" wurden Lernprozesse mit der Aneignung eines konkreten Raums, in diesem Fall das Forschungszentrum für historische Minderheiten, verbunden.

Strategien für Zwischenräume

Dass für das Projekt „Strategien für Zwischenräume" ein Archiv als Raum gewählt wurde, ist kein Zufall, bestand doch ein Projektziel darin, ein „Archiv für emanzipatorische Praxen" im Internet einzurichten. An der Entwicklung dieses Webportals, das sich aber bewusst als Archiv begreift, waren neben dem Projektträger trafo.K der Arbeitskreis Archiv der Migration, maiz – Autonomes Zentrum von und für Migrantinnen und das Forschungszentrum für historische Minderheiten beteiligt. Durch die Zusammensetzung des Teams sollten die Perspektiven der Wissenschaft, der Kultur(-vermittlung) und der Aktivist_innen miteinander verknüpft werden. An dieser Stelle könnte die Frage auftauchen, warum auch für ein Webportal der Begriff des Archivs bemüht wird. Dem Gedanken des Archivs – in seinem alltäglichen Gebrauch – entspricht, dass es sich ebenfalls um eine Sammlung handelt, die bewahrt und öffentlich zugänglich gemacht werden soll. Allerdings unterscheidet sich das „Archiv für emanzipatorische Praxen" insofern von den anderen Archiven, als es sich zwar auch um eine Sammlung von Materialien, sprich: Texten, Videos, Audiobeiträgen und Links, handelt, im Zentrum aber die Handlungsanregungen stehen. Und auch die

Projektdarstellungen wurden unter dem Aspekt ausgewählt, dass sie Anknüpfungspunkte für die Entwicklung eigener Projektvorhaben beinhalten sollen. Wenngleich es sich um eine Materialsammlung handelt, hier stehen die Praktiken und Prozesse im Vordergrund – mit einer klar definierten Handlungsanleitung. Die Anregungen für emanzipatorische Bildungspraxen entlang der Themen Geschichte, Stadt, Sprache und Kunst sollen zum Ausprobieren und Weiterentwickeln motivieren, mit dem Ziel der Veränderung der gängigen Bildungspraxen in Schulen und anderen Bildungseinrichtungen. Daher ist die Sammlung noch zielgerichteter zusammengetragen als in den zuvor beschriebenen Archiven: Aufgenommen wurde nur, was das Team für gut befunden hat. Wenn das Archiv in der Folge von trafo.K weiterbetrieben wird, engt sich der entscheidungsbefugte Kreis noch weiter auf die Mitarbeiter_innen des Büros ein. Dieses explizit handlungsorientierte Moment und die Exklusivität unterscheiden dieses Archiv von anderen Sammlungen.

Aufgrund der Handlungsorientierung ist der virtuelle Raum, der zu einer größtmöglichen Verbreitung beiträgt, für das „Archiv für emanzipatorische Praxen" bestens geeignet. Dennoch sind – und das scheint kein Zufall – viele der darin vorgestellten Projekte und Handlungsanregungen mit konkreten Räumen – dem Stadtraum, dem Museum oder dem Archiv – verknüpft, denn emanzipatorische Bildungspraxen beziehen sich letztlich auf den sozialen Raum, den sie zu verändern trachten.

In einem anderen Punkt gibt es eine gewisse Übereinstimmung mit den anderen Archiven: Dem „Archiv für emanzipatorische Praxen" ist eine Form der Historisierung der eigenen Praxis inhärent: Arbeiten, die in dem fast einjährigen Prozess vom Projektteam mit den Jugendlichen im Forschungszentrum entwickelt wurden, sind in das Webportal eingegangen. Ebenso wurde der Vortragsreihe in der Wiener Arbeiterkammer, die gleichsam einen theoretischen Rahmen für das Projekt bildete, Raum gegeben. Damit wurde das virtuelle Projekt an seinen Entstehungsprozess – in Raum und Zeit – rückgebunden.

Am Beispiel des Projekts „Migration sammeln" für das Wien Museum (2015–2016) lassen sich die Transformationsvorgänge zwischen den unterschiedlichen sozialen Räumen nachvollziehbar machen. Das Projekt basierte auf einer Initiative von Ljubomir Bratić und Arif Akkılıç für ein „Archiv der Migration". Für die Gründung einer eigenen Institution konnte die Stadt Wien zwar keine entsprechenden Finanzierungsmöglichkeiten aufbringen, aber das Thema Migration sollte im kollektiven Gedächtnis der Stadt stärker verankert werden. Dem gegenwärtigen Trend entsprechend, den Schwerpunkt auf die etablierten Institutionen zu legen, wurde daher das Projekt „Migration sammeln" für das Wien Museum ins Leben gerufen.[1] Das Projektteam wurde damit betraut, Objekte zur Arbeitsmigration seit den 1960er Jahren für das Wien Museum zu sammeln, die dann für spätere Ausstellungsprojekte zur Verfügung stehen sollten. Eine erste Präsentation der gesammelten Objekte wird im Jahr 2017 in Kooperation mit Vida Bakondy, der Leiterin des Projekts „Migration sammeln", in Angriff genommen. Dies mag dazu beitragen, das Thema (Arbeits-)Migration stärker als bislang im Wien Museum, der zentralen Geschichtsinstitution der Stadt, sichtbar zu machen. Doch abgesehen davon, dass, dem Sammelauftrag des Museums entsprechend, viele Archivmaterialien keinen Eingang fanden, kann diese Initiative die Dynamik, die eine eigenständige Institution entwickeln würde, nicht ersetzen. Da die Objekte mit Ende des Projekts im „Bauch des Museums" verschwinden und damit nicht mehr leicht zugänglich sind, können sie nicht jene Wirkung entfalten, die sie in einem noch so marginalisierten „Archiv der Migration" hätten. Gleichzeitig hat die Inkorporierung des Themas Migration in die hegemoniale Institution Museum eine gewisse Stillstellung der Initiative „Archiv der Migration" zur Folge gehabt. Das Projekt „Migration sammeln" und die Initiative für ein „Archiv der Migration" haben nun Eingang in das virtuelle „Archiv für emanzipatorische Praxen" gefunden. Damit kann das Webportal dazu beitragen, dass die Projekte nicht nur im virtuellen Raum präsent bleiben, sondern vielleicht auch darauf aufbauende Initiativen anregen. Auf diese Weise könnte das Anliegen in gewisser Weise wieder im sozialen Raum verankert werden.

1 Um dem Anliegen des Projekts „Migration sammeln" über die museale Inkorporierung der Objekte hinaus Sichtbarkeit zu verleihen, hat das Projektteam Projekterfahrungen und -ergebnisse publiziert. Arif Akkılıç, Vida Bakondy, Ljubomir Bratić, Regina Wonisch (Hg.): Schere – Topf – Papier. Objekte zur Migrationsgeschichte, Wien: Mandelbaum Verlag, 2016.

Vor diesem Hintergrund stellt sich die Frage nach dem Zusammenspiel von emanzipatorischen Prozessen in der Wissenschaft, Kultur und Bildung und deren Verortung im sozialen Gefüge. Eine dynamische Gesellschaft braucht Zwischenräume, in denen sich gesellschaftskritische Positionen entwickeln und materialisieren können, ebenso wie Strategien, um das Potenzial dieser Räume in soziale Praxen zu übersetzen.

Literatur

Arif AKKILIÇ, Vida BAKONDY, Ljubomir BRATIĆ, Regina WONISCH (Hg.), Schere – Topf – Papier. Objekte zur Migrationsgeschichte, Mandelbaum Verlag, Wien 2016.

Eckhart G. FRANZ, Einführung in die Archivkunde, 5. Aufl., Wissenschaftliche Buchgesellschaft, Darmstadt 1999.

ÖSTERREICHISCHES STAATSARCHIV, Kleines Archiveinmaleins, o.J., http://www.oesta.gv.at/site/4936/default.aspx [31.10.2016].

Regina WONISCH, Leitlinien. Das Forschungszentrum für historische Minderheiten, in: Zeitgeschichte, 40. Jg, 2013/1, S. 69–73.

Ljubomir Bratić

Auf dem Weg zu einem Archiv der Migration

Was ist ein Archiv? Wir geraten stets in Schwierigkeiten, wenn wir versuchen zu verstehen, was ein Archiv ausmacht und wie es definiert werden kann. In diesem Text interessiert mich zusätzlich zu der Frage, was ein Archiv der Migration sein könnte, auch die nach dem Wie: Wenn wir das Archiv als Wissensspeicher verstehen, der immer von Machtverhältnissen geprägt ist, wie kann dann ein Archiv der Migration im Hinblick auf eine Veränderung der Verhältnisse gedacht und realisiert werden? Und welche Fragen sollten während dieses Prozesses gestellt werden? Es geht somit hier weniger um das Archiv und dessen verstaubte Bestände, sondern um die verschiedenen Möglichkeiten, ein Archiv zu denken.

Das Archiv und die Macht

Archiv zu denken scheint gleichzeitig leicht und schwierig zu sein. Einerseits ist ein Archiv konkret, da wir es besuchen können und archivierte Artefakte in die Hand nehmen und uns mit deren Inhalten, deren Geschichte, beschäftigen können – zumindest dann, wenn wir bestimmte Prozeduren absolvieren, die uns dafür legitimieren. Es gibt eine Erfahrung des Archivs und entsprechend auch eine Phänomenologie des Archivs, wie Arlette Farge in ihrem schönen Essay „Der Geschmack der Archive" (Farge 2011) nachweist. Ein Archiv ist begehbar, es ist erfahrbar und verlassbar, all das.

Andererseits ist aber ein Archiv, als die nicht hinterfragbare Quelle der Geschichtsschreibung, selbst eine Konstruktion: Weder wird alles aufbewahrt noch wird das, was aufbewahrt wird, für immer aufbewahrt. In dieser Hinsicht entzieht sich das Archiv unserer unmittelbaren Erfahrung und stellt durch seine Anwesenheit viele nicht so selbstverständlich zu beantwortende Fragen: Was bleibt ausgeschlossen? Welche mächtigen Unterscheidungen formieren sein „Wissen"? Und was sind sie soziopolitischen, sozioökonomischen und soziokulturellen Bedingungen, die überhaupt zur Strukturierung so eines Raumes führen?

So wird das Archiv, trotz der Fülle der aufbewahrten Materialien, ein leeres Zentrum. Leer in zweifacher Hinsicht: einerseits als eine Stelle, die durch den Prozess des Sammelns – notwendigerweise – Lücken aufweist und andererseits als ein Raum, der durch die Fülle des Materials immer wieder eine andere Geschichtsauffassung als die gerade vorherrschende ermöglichen kann. Die Differenz zwischen einem erlebten, materiellen und dem gedachten, wirksamen Archiv hat erhebliche Auswirkungen auf unsere Vorstellungen davon. Die Genese des Archivs scheint eine zu sein, die von einer unmittelbar gegebenen Notwendigkeit des Sammelns ausgeht – eines Sammelns dessen, was für das Kollektiv als „darf vergessen werden" eingestuft wird. Bald aber kann sich dieser Ort durch die unbegrenzte Deutungsmöglichkeit, durch den privilegierten Zugang zu den Beständen auch in eine Quelle der Macht und der Wirksamkeit verwandeln.

Auf die Entdeckung der Macht des Archivs, die unweigerlich zur Konfrontation mit „Anderen", den nicht an der Macht Beteiligten, Subalternen usw. führt, folgt die Vorstellung, dass das Archiv nicht nur zu errichten, sondern auch gegen Eindringlinge zu verteidigen ist. Das Archiv wurde also auch als eine Festung aufgebaut. Vordergründig geht es um die Sicherung der Bestände, hintergründig aber umso mehr um eine Politik des Sammelns und um die Sicherung eines privilegierten Zugangs zu diesen Beständen.

Ausgangspunkte der Forderung nach einem Archiv der Migration

Die Ausstellung „Gastarbajteri"[1] zur Geschichte der Arbeitsmigration im Wien Museum im Jahr 2004 zeigte zahlreiche Dokumente und Artefakte, die sich ursprünglich an mehreren Aufbewahrungsstellen befanden. Im Staatsarchiv zum Beispiel befanden sich die Staatsverträge zwischen Österreich und der Türkei sowie Jugoslawien, die gezeigt wurden. Ein Großteil des Materials befand sich und befindet sich allerdings nach wie vor nicht in Staatsarchiven, sondern wurde von Mitarbeiter_innen der Recherchegruppe für die Ausstellung in diversen privaten Sammlungen gefunden. Dort, wo

1 http://gastarbajteri.at [04.02.2016].

es, warum auch immer, gesammelt wurde und noch immer gesammelt wird. Wir trafen auf Menschen, die nach Wien gekommen waren und aus einem diskursiv unartikulierten, aber stark vorhandenen Bedürfnis nach Historisierung eigener Geschichte zu sammeln angefangen hatten. Ohne diese Bestände hätten wir diese Ausstellung damals nicht zustande bringen können. Vor allem hätte dabei eine wichtige Position gefehlt: diejenige der Akteur_innen.

Was heißt das? Es heißt, dass die Staatsarchive, die offiziellen Aufbewahrungsstellen, die dazu da sind, um aus ihnen die Ausstellungen, aber auch die Deutungen, die Diskurse für die Öffentlichkeit zu generieren, bis dahin – aber zum Großteil auch bis jetzt – nicht die Gesamtrealität des Staates, des Einwanderungsstaates, als ein Sammelpotential wahrnehmen, sondern sich nur auf einen begrenzten, engen Begriff der Staatsbürgerschaft und vor allem der Staatsinstitutionen beziehen. Zwar sind dort offizielle zwischenstaatliche Verträge zu finden, doch lässt sich mit diesen Verträgen die Geschichte der Migration nur sehr begrenzt nachvollziehbar machen.

In diesem Sinne sind Staatsarchive die Aufbewahrungsstellen für Artefakte, die entlang der Linie eines staatlich-institutionellen Diskurses, der bekanntlich jahrzehntelang offiziell eine Stellung gegen die Migrant_innen einnahm, gesammelt wurden. Diese Materialien erzählen eine Geschichte der Versuche, in diesem Bereich Ordnung herzustellen, sie erzählen die Geschichte der Regulierungsversuche auf der Ebene der Migrationspolitik und der Normierungsversuche auf der Ebene der Integrationspolitik.

Nicht dass dies nicht wichtig wäre, ganz im Gegenteil, diese Dokumente sind notwendig, um die Prozesse der Fremdzuschreibungen nachzuvollziehen. Wollen wir zum Beispiel den Diskurs vom „Ausländer" verstehen, dann müssen wir diese Quellen kontaktieren. Nun aber wollen wir von der Geschichtsschreibung etwas mehr als das, wir wollen, dass diese sich an die Gesamtheit der Wirksamkeiten eines Zeitalters annähert. Um dies zu erreichen, reicht es nicht, die Gesetze, die Erlässe, die Verordnungen, die geheimen und öffentlichen Durchführungserlässe zu sammeln, sondern die Sammeltätigkeit muss sich auf das Feld erstrecken, das nicht Handlungsfeld des Staates und dessen Institutionen ist. Die Sammeltätigkeit muss sich auf diejenigen Ebenen erstrecken, die den staatlichen institutionellen Maßnahmen unterworfen werden. Konkret gesagt: Die Selbstzuschreibungen gehören genauso sehr in ein Archiv wie die Fremdzuschreibungen, um eine den vorherrschenden gesellschaftlichen Verhältnissen entsprechende Geschichte zu schreiben. Ein Archiv der Migration hätte damit die Aufgabe, die minoritären Subjektpositionen einzubeziehen und diese damit als Teil der offiziellen Geschichte anzuerkennen.

Existenz und Erfahrung

„Archiv" ist eine Kulturtechnik, auf die auch die Migrant_innen in Österreich einen Anspruch erheben. Keine harmlose Technik! Denn auch wenn es sich der Mainstreamöffentlichkeit so präsentiert, ein Archiv besteht nicht aus den gestapelten mit Lurch und Staub bedeckten Akten. Ein Archiv erklärt den Grund für ein Bestehen als Teil der sozialen Welt. Der Spruch „Quod non est in acti, non est in mundo", besagt, dass das, was sich nicht in Akten befindet, also gesammelt, klassifiziert und aufbewahrt wird, keinen Existenznachweis erbringen kann, auch wenn es existiert. Das bedeutet nicht, dass es keine Existenz in den Lücken des Archivs gibt. Selbstverständlich wird auch gehandelt und gelebt, wo nicht gesammelt wird. Es existiert also viel mehr, als das Archiv zu definieren vermag. Es existiert aber eben für die anderen Personen, nicht aber für die Gesellschaft.

Diesen Zugang zur Existenz für die Gesellschaft, der sich unter anderem durch die Deutung des in Archiven gesammelten Materials ereignet, fordern die Migrant_innen seit einiger Zeit in Österreich. Sie fordern es, weil es schon lange real ist. Österreich ist ein Einwanderungsland und dieses Einwanderungsland-Sein kann nicht mehr mit der auf eine Nation und eine Staatsbürgerschaft ausgerichteten Kulturtechnik „Archiv", so wie sie bis jetzt praktiziert wurde, legitimiert werden.

Die De-facto-Erweiterung der Gesellschaft, die sich im Alltag tagtäglich einspielt, muss und soll durch eine Erweiterung der Gesellschaft, den Zugang zur Gesellschaft, zur Welt, wie der lateinische Spruch sagt, ein Teil des allgemeinen Bewusstseins werden. Eine persönliche Geschichte dazu: Frühling 2004. Ich arbeitete als Teil eine Gruppe von Menschen in Wien Museum an der Ausstellung

„Gastarbajteri". In einem Moment kam Sylvia Mattl-Wurm, damals Mitarbeiterin des Museums, zu mir und fragte, ob ich etwas sehen wolle. Sie zeigte mir das 1965 unterzeichnete „Anwerbeabkommen"[2] zwischen Jugoslawien und Österreich. Ich erinnere mich genau, ich verspürte gegenüber dieser gebundenen Papiersammlung keineswegs Gleichgültigkeit. Ganz im Gegenteil, mein Kommentar dazu war damals: „Ohne dieses Schriftstück wäre ich jetzt nicht hier." Es gibt selten solche Momente im Leben, wo einem etwas begegnet, das irgendwann früher einmal die eigene Existenz so stark prägte wie dieser Vertrag meine. In meinem Fall war das in den ersten zwei Jahres meines Lebens. Später schaute ich mir noch einmal den Vertrag an und fotografierte ihn. Ich besitze diese Fotos noch immer.

Die in den Archiven befindlichen Artefakte haben also die Macht, einem Menschen bestimmte Einsichten zu ermöglichen. Dies ist etwas, womit jedes Museum spielt und etwas, womit sich ein Denken über das Archiv beschäftigen sollte. Ich denke, dass ein solches Recht auf ebendiese Einsichten auch Migrant_innen haben. Und darum sollten auch Artefakte gesammelt werden, die sie betreffen.

Das Archiv ist nicht ein Ort der Wahrheit, wie so oft betont wird, sondern ein Ort der Wirklichkeit. Es ist ein Ort, an dem etwas gesammelt und aufbewahrt wird, das weiterhin wirken sollte. Durch diese Wirksamkeit wird es zu dem, was historische Wirklichkeit ausmacht, was in einem bestimmten raumzeitlichen Moment als Normalität gilt. Wirklichkeit ist das, was sich, durch die Wirksam-

---

2 „Abkommen zwischen der Republik Österreich und der Sozialistischen Föderativen Republik Jugoslawien über die Regelung der Beschäftigung jugoslawischer Dienstnehmer in Österreich" https://www.ris.bka.gv.at/Dokumente/BgblPdf/1966_42_0/1966_42_0.pdf [04.02.2016]) ist der nirgends zitierte Name dieses Dokumentes, das von Bruno Kreisky (Österreichischer Außenminister) und Vjekoslav Prpic (Jugoslawischer Botschafter in Österreich) am 19.11.1965 unterzeichnet wurde. Wie es dazu kam, dass dieses Abkommen nicht als Beschäftigungsabkommen, sondern als Anwerbeabkommen in den öffentlichen Diskurs in Österreich einging – obwohl das Wort Anwerben nirgendwo vorkommt und überhaupt das, was in Jugoslawien geschehen sollte, nur Gegenstand der Artikel 1 (von insgesamt 17) –, wäre noch zu untersuchen. Interessant ist nur, dass diese kleine Verschiebung, die aber eine wesentliche Deutungsrichtung – nicht eine aktive Rolle der Beschäftigung in Österreich, sondern eine der Anwerbung in Jugoslawien selbst – vorgibt, von allen, die bis jetzt dieses Abkommen erwähnt haben, übernommen wurde.

keit der im Archiv befindlichen Artefakte, herstellt. Wirklich ist das, was sich durch das Archiv wirksam erzählt. Diese Normalität hat ihre Stütze im Archiv, in den Deutungen von dort aufbewahrten Artefakten, in dem Diskurs, der darüber geführt wird, was etwas, das sich dort befindet, bedeuten könnte. Und wenn etwas nicht dort ist, wenn etwas nicht als Teil des Aufbewahrungssystems gelten kann, dann bedeutet das, dass dieses Etwas auch nicht eine Wirksamkeit im Sinne von Deutungspotentialen und Diskurslinien entwickeln kann.

Kämpfe um Deutung und die Subjekte der Geschichte

Es gibt keine Wirksamkeit in der Wirklichkeit ohne die Artefakte, die wirken. Die Artefakte sind nicht mehr Objekte im herkömmlichen Sinne (Bratic 2014). Sie werden entfernt aus der Realität und gerade dadurch gewinnen sie eine Quellenmacht durch und über diese Realität. Darum ist es wichtig, welche Artefakte von wem und wo gesammelt werden. Dass die Geschichte der Migrant_innen nirgendwo – weder in den Herkunftsstaaten noch in der Ankunftsstaaten – eine bedeutende Rolle spielt, ist auf den herrschenden rassistischen Konsens zurückzuführen. Dieser Konsens verursacht auch die Ausblendung der Sammeltätigkeit, die in sich die Deutungsmöglichkeiten einer Geschichte der Migration verbergen würde.

Warum? Weil es eben auch eine Frage der Macht ist. Eine erweiterte Geschichtsauffassung, in der die Migrant_innen als Subjekte der Geschichte genauso wie die Mehrheitsangehörigen verstanden würden, würde u.a. mittelbar auch zur Neuverteilung der Machtpositionen in der Gesellschaft führen. Aber einer grundlegenden Hinterfragung der eigenen Machtposition hat kein herrschendes Individuum und keine herrschende Gruppe je in der Geschichte freiwillig zugestimmt.

Darum müsste es vorher zu dem kommen, was manche „kritische Zahl" der anwesenden Migrant_innen – wobei dieser keineswegs quantifizierbar zu sein scheint – nennen, um überhaupt an die Möglichkeit einer Erweiterung des historischen Selbstverständnisses zu denken.

Sinnproduktion: Gedächtnis, Selbstbehauptung und offener Ausgang

Ein Archiv ist gleichzeitig ein Sinnkonvektor: Es wandelt die vorhandene Realität durch ein Verfahren der Auswahl und Aufbewahrung in eine besondere Form von Sinn: denjenigen des Gedächtnisses und des kulturellen Erbes. Ein Archiv konvertiert Punktualität der alltäglichen Ereignisse in einer Dauerhaftigkeit der Historizität, in die Horizontalität einer großen und kleinen, jedenfalls kontinuierlich wirksamen Erzählung.

Doch was macht ein Archiv konkret mit der Gesellschaft? Die vorhandene Aufbewahrung der Materialien im privaten Rahmen, wie wir sie während der Materialsammlungsphase für die Ausstellung „Gastarbajteri" vorfanden, war ebenso sinnstiftend wie das zentralisierte Archiv des Staates – nur eben anders. Die Macht der Deutung durch den Zugang zu Quellen ändert sich je nachdem, wo sich die Artefakte befinden: Denn während jene in privaten Händen privaten Interessen dienlich sind, dienen jene in staatlich-institutionellen Händen allgemeinen Interessen – oder: sollten dienen.

Dabei stellen sich zwei Fragen: Wer gehört zu diesem „alle" im Begriff „Allgemeinheit"? Es hat sich nämlich, trotz Proklamationen, herausgestellt, dass „alle", zumindest bis jetzt, fast immer ein partikulär organisierter Kreis von wenigen war. Diese Fragebetrifft nicht nur die Migrant_innen, sondern die gesamte Gesellschaft, vor allem diejenigen Gruppen darin – die Frauen, die Arbeiter_innen, die Schwulen und Lesben, die ethnischen und sonstigen Minderheiten, die alten Menschen usw. –, die keinen privilegierten Zugang zum Wissen und dessen Reproduktion besitzen.

Weiter aber stellt sich die Frage: Was ist Staat, was ist die Funktion des Staates, dient der Staat dem demos – so die zentrale ideologische Proklamation – oder ist der Staat dessen Normalisierungs- und Ordnungsmaschine?

Je nachdem, welche Richtung die Antwort auf diese Fragestellungen hat, ändert sich auch die Vorstellung von der Funktion des Archivs.

Was bleibt, ist seine allgemeine Funktion einer Sinnmaschine. Egal, in welcher Hinsicht ein Archiv als Instrument eingesetzt wird, es wird durch den Prozess des Archivierens, durch jenen des Aufbewahrens und jenen des punktuellen An-die-Öffentlichkeit-Bringens der vorhandenen Artefakte Sinn, ein jeweils ganz bestimmter Sinn, gestiftet. Sinnstiftungsmaschinen wie zum Beispiel Medien, die informationsvermittelnde Einrichtungen ähnlich wie Archive, nur viel schneller und auf die Alltagsmeinung zielend darstellen, sind eines der wichtigsten Charakteristika der europäischen Neuzeit.

Ob und inwiefern ein Archiv der Migration das Selbstverständnis der Migrant_innen ändern wird, kann hier nicht beantwortet werden. Ich denke aber, dass durchaus bestimmte Erleichterungen und bestimmte neue Stromlinien damit gesetzt werden, die ihre eigenen Wirksamkeiten entwickeln werden. In einer Gesellschaft, die zur Gänze auf Archive und Bewahrung des Gedächtnisses eingerichtet ist, kann nicht anders gehandelt werden, wenn es einen Anspruch auf einen Teil dieses Gedächtnis gibt, als mit dem Anspruch auf ein Archiv. Die Forderung nach einem Archiv ist also auch eine nach Teilhabe und somit ein Aspekt der Forderung nach Anerkennung.

Zu Funktion und Behauptung von Transparenz

Das, was das Archiv für alle interessant macht, ist seine Transparenz. Das Archiv verbirgt in sich die Möglichkeit eines Zugangs zu Wissen, die lange, für viele, verborgen blieb und bleibt. Was machte zum Beispiel die Stasi-Archive in Deutschland und andere Archive in Osteuropa so interessant, dass sie gestürmt wurden? Interessant für wen und wozu? Das ist eine wichtige Frage, denn sie ist, wie wir im Falle von osteuropäischen Geheimdienstarchiven gesehen haben, vor allem interessant für diejenigen, die ein Gegensystem errichteten bzw. zu errichten versuchten.

Die Transparenz bei anderen wird aber oft gefordert, um bei sich selbst umso besser verdecken zu können. Das macht die Affäre um das Internetportal Wikileaks so brisant, denn wenn es darum ging, diese Transparenz bedingungslos bei allen zu erreichen, waren plötzlich diese alle, das heißt die Akteur_innen der Herrschaft, dagegen eingestellt. Da es keine anderen Instrumente gab, um Wikileaks zum Verstummen zu bringen, wurde einfach die Diffamierungsmaschine gegen dessen Gründer Julian Assange im Gang gesetzt. Sein persönlicher Ausweg war, Asyl in der ecuadorianischen Botschaft in London zu beantragen und zu bekommen. Sein Informant in den USA aber, Bradley Manning[3], kam vor ein Militärgericht und wurde zu 35 Jahren Gefängnis verurteilt. Das ist die gefährliche Transparenzforderung, die manche Archive verbergen und die eben, um einen Begriff von Foucault zu benutzen, durch Parrhesia, das freie Sprechen und den Mut zur Wahrheit, die bestimmte Menschen, warum auch immer, an den Tag legen, immer wieder an die Öffentlichkeit gebracht wird. Die Folge der Transparenz ist eine Verunsicherung des Systems und der Öffentlichkeit. Plötzlich wird allen das vor Augen geführt, was wir irgendwie immer vermutet haben, was von offizieller Seite permanent verdeckt wurde.

Überschießende Bedeutungsproduktion. Das Archiv als Möglichkeitsraum

Diese Bewusstwerdung des schon vorhandenen, aber verdrängten Wissens kann eben durch das Archiv, durch den möglichen Transparenzgewinn, der durch ein allgemeines Zur-Verfügung-Stellen aller Materialien erreicht wird, hervorgebracht werden. Archiv kann eben ein Ort der Kontrolle, ein Ort der Ordnung, ein Ort der Normierung sein und gleichzeitig auch ein Ort, der in sich die Möglichkeit eines Zuganges zu Wissen für die Anderen, für die Überzähligen birgt. Ein Archiv ist ein Instrument, dessen Anwendung ihm nicht immanent ist, sondern ihm von seinen Archivar_innen und Benutzer_innen eingeschrieben wird. Alles hängt davon ab, durch wen, wie und wofür die Bestände ans diskursive Tageslicht der Öffentlichkeit gebracht werden.

„Das Archivieren ist wie das Protokollieren, ein performativer, Fakten produzierende[r] Akt.“ (Ebeling 2007, S. 112). Darum ist auch der Prozess des Archivierens nicht neutral, sondern Teil eines Diskurses, der bestimmt, was, wo und wie archiviert wird. Die Nationalstaaten archivieren eben keine Artefakte der Migrant_innen, weil diese nicht zu ihnen gehören. Die Auswanderer_innen werden höchstens als Diaspora markiert und in dieser Hinsicht als eine ans Zentrum gebundene Zerstreuung wahrgenommen.

Was passiert aber nun, wenn sich diese Nichtdazugehörigen als Teilhabende hineinreklamieren? Sie reklamieren sich als Teil der

3 Seit 23.04.2014 Chelsea Elizabeth Manning.

Archive, mehr noch: Sie verlangen ein eigenes Archiv als Teil der Anerkennung und vielleicht auch als eine Art Wiedergutmachung eines an ihnen exerzierten jahrelangen rassistischen Ausschlusses. Die Forderung nach einem Archiv der Migration entspringt eben aus dem Zweifel, dass die bestehenden Archive in ihren Beständen alle in der Gesellschaft berücksichtigen, aus der Feststellung einer absichtlich hervorgebrachten Leerstelle. Darum muss ein eigenes Archiv her, ein Archiv, das dafür sorgt, dem, das woanders nicht gesammelt wird, einen Wirksamkcit entwickelnden Platz zu geben. Ein Archiv ist eine Wirksamkeitsmaschine, deren Betriebsstoff Artefakte sind. Je nachdem, welche Herkunft die Artefakte haben, richten sie sich gegen das, was nicht zu ihnen gehört oder erkennen es an. Ein Archiv, das nur Beweismaterial sammelt, um die Kriminalität der Migrant_innen zu belegen (zwecks Bekämpfung dieser Kriminalität), widerspricht der Aussage, dass die Migrant_innen nicht krimineller sind als alle anderen.

Viele Archive!

Es gibt – obwohl das Bestreben dafür immer wieder aufflammt – kein universelles Archiv und deswegen kann es aus diesem Dilemma nur einen Ausweg geben: so viele Archive wie möglich zu gründen. Mit der Konstituierung solcher Archive werden weitere Drehpunkte, weitere institutionelle Kristallisationspunkte geschaffen. Die Setzung solcher Archive bedeutet auch deren Abgrenzung gegenüber anderen Institutionen. Und es bedeutet auch Auswirkungen auf die bestehenden Differenzierungsverfahren in der Gesellschaft. Ein Archiv schweigt nicht, sondern wirkt. Auch dann, wenn niemand seine Wirkungen wahrnimmt.

Literatur

Ljubomir BRATIĆ, Wie Abfall zur Geschichte wird, in: SAN, Erste Ausgabe, 10/2014, S. 10–14

Knut EBELING, Die Asche der Archive, in: Georges Didi-Huberman, Knut Ebeling, Das Archiv brennt, Kadmos, Berlin 2007, S. 33–183.

Arlette FARGE, Der Geschmack der Archive, Wallstein, Göttingen 2011.

ZUSCHREIBUNG
UND KRITIK
Die Migrationsgeschichte ist auch eine
Geschichte von Zuschreibungen, die eine
Nichtzugehörigkeit von Migrant_innen zur
Mehrheitsgesellschaft nicht nur durch
Gesetze sowie Verordnungen der kommu-
nalen und staatlichen Verwaltung produ-
ziert und verfestigt, sondern auch mittels
Bildern und Diskursen. Stereotype
Zuschreibungen erfolgen im Alltag insbe-
sondere durch Medien aber auch durch

Renate Höllwart

Das Archiv für emanzipatorische Praxen

Welche Strategien können wir einsetzen, um Selbstverständnisse und Routinen des „Lernens“ zu unterbrechen? Und was können wir voneinander lernend verlernen?

Das Projekt „Strategien für Zwischenräume“ bildet den Ausgangspunkt für die Auseinandersetzung mit unterschiedlichen Formen der Wissensvermittlung, die sich hierarchischem Lernen widersetzen. Im Zentrum stand dabei, einen Raum für eine alternative und emanzipatorische Wissensproduktion zu schaffen, der einerseits Freiraum für die Aneignungsprozesse aller Beteiligten bietet und andererseits durch die Sammlung von Erfahrungen und Ergebnissen über den Projektzeitraum hinaus emanzipatorische Praxen in Form eines Archiv für die Arbeit in der Schule und anderen Bildungszusammenhängen wirksam macht.

Nun sind Archive zuallererst Räume, die Wissen generieren und speichern. Sie sind Orte, an denen Geschichte und Geschichten gesammelt und aufbewahrt werden und beziehen sich mit ihren Sammlungen von Objekten und Dokumenten auf die Vergangenheit, um diese für die Zukunft zu sortieren und festzuhalten. Doch welches Wissen findet Eingang in die Archive, wer entscheidet darüber und für wen sie eigentlich zugänglich sind? Wie entsteht Wissen? Und was gilt als relevantes Wissen? Wie kann also ein Archiv aussehen, das die normierenden Ordnungen des Archivs[1] unterläuft und gleichzeitig das Potenzial des Sammelns von unterschiedlichen Perspektiven und Erfahrungen für zukünftiges Handeln in Bildungsprozessen aufgreift?

1 Über die Rolle und Funktionen von Archiven als Bestätigung von Herrschaftsverhältnissen und als Etablierung von Gegengeschichten im Sinne eines „Archiv von unten“ siehe auch: Auf dem Weg zu einem Archiv der Migration von Ljubomir Bratić, S. 108–117, Archive als Orte emanzipatorischer Bildungsprozesse? Regina Wonisch S. 98–107, Felipe Polanía Rodríguez, Gedächtnis, Archiv und Vermittlung. Ansätze für eine Vermittlungspraxis mit geflüchteten Menschen, in: Art Education Research No.12/2016, eJournal des Institute for Art Education der ZHdK, https://blog.zhdk.ch/iaejournal/files/2016/11/Layout_Felipe_FINALFINAL.pdf [28.12.2016].

Das Online-Archiv basiert auf einem Prozess der gemeinsamen Wissensproduktion an einem konkreten Ort, dem *Forschungszentrum für historische Minderheiten*. Im Rahmen des Projekts haben viele Jugendliche und junge Erwachsene gemeinsam mit Expert_innen, Künstler_innen und Vermittler_innen Strategien der Aneignung von Inhalten und Räumen erprobt und ihr Wissen geteilt. Das Forschungszentrum war dabei nicht nur Raum für die Sammlung von Erfahrungen mit Methoden aus kritischer Kunstvermittlung, Theaterpädagogik, Geschichtsvermittlung und Stadtforschung, sondern auch Ort der Präsentation der Ergebnisse und weiterführenden Diskussionen.[2] Es entstand ein performatives Archiv als Recherche-, Vermittlungs-, und Ausstellungsraum, in dem Prozesse der gemeinsamen Aneignung von Wissen ausverhandelt und dabei ständig erweitert und verändert wurden. Die im Laufe der Zusammenarbeit entstandenen Auseinandersetzungen über Grenzen, Flucht, Protestbewegungen, Liebe, Körper, Zusammenleben, Mehrsprachigkeit, Soziale Bewegungen, Geschlechterpolitik, Musik, Gesetze, Politik, Erinnern und Interventionen im öffentlichen Raum bildeten den Rahmen für die Konzeption des Online-Archivs. Parallel zu den Workshops mit den Jugendlichen und jungen Erwachsenen wurden in Zusammenarbeit von trafo.K mit der Künstlerin Sheri Avraham, dem Arbeitskreis Archiv der Migration, maiz – Autonomes Zentrum von und für Migrantinnen und Regina Wonisch vom FZHM Beiträge zum Archiv recherchiert, erstellt und neu zusammengestellt mit dem Ziel, die „Ordnung des Wissens" in Lehrplänen und Unterrichtspraxen zu reflektieren. Es ging um eine verändernde Praxis, mit der jenseits von Zuschreibungen, Vorannahmen und festgeschriebenen Kategorien Gegengeschichten und Methoden zur alternativer Wissensproduktion in den Blick genommen werden können. Den Schwerpunkt bildet dabei die Sammlung und Adaption von Konzepten, Materialien, Theorie und Projekten mit dem Fokus emanzipatorische und kritische Bildungsarbeit in der Migrationsgesellschaft. Diese Sammlung und die erprobten Strategien und entstandenen Ergebnisse aus der Zusammenarbeit mit Jugendlichen bilden – dabei die Inhalte und Fragestellungen der im

2 Nähere Informationen dazu im Beitrag von Elke Smodics und Ines Garnitschnig in diesem Heft, S. 12–20.

Projekt beteiligten Jugendlichen ernst nehmend – die Basis für das Online-Archiv für emanzipatorische Praxen, das einlädt, neue Formate des Lernen und Verlernens kennenzulernen, auszuprobieren und anzuwenden.

Sprache, Stadt, Geschichte, Kunst

Die Themenbereiche Kunst, Geschichte, Stadt und Sprache – Themen, in denen Ungleichheitsverhältnisse und Spannungsfelder in der Migrationsgesellschaft besonders deutlich werden – sind dabei so ausgewählt, dass sie sowohl für den Schulalltag als auch für aktuelle Fragen im Kunstfeld neu verbunden und produktiv gemacht werden können. Sie betreffen alle und sind in der Migrationsgesellschaft eigentlich längst geteilte Kontexte im doppelten Sinne des Wortes (*shared* und *divided*). Das Archiv schlägt Ansätze vor, die einen Prozess des Verlernens in Gang setzen, die eine Veränderung von Perspektiven, von Bildungsansätzen, Lehrplänen und Institutionen sowohl im Kunst- und Kulturbereich als auch im Bildungsbereich ermöglichen. Dabei spielen vermittlerische und künstlerische Konzepte und Projekte eine besondere Rolle. Sie eröffnen Raum, in der Aneignung von Wissen neue Perspektiven einzunehmen, partizipative Prozesse für Unvorhersehbares anzuleiten und vorherrschende Bilder und Selbstverständnisse zu hinterfragen.

In diesem Sinne versteht sich das Archiv als permanent zu erweiternde Sammlung von Materialien, die jeweils spezifisch für eine konkrete Bildungssituation neu zusammengestellt und erprobt werden können. Konkrete Handlungsanregungen für Workshops, Materialien wie Videos, Texte und Audiointerviews, Arbeiten von Jugendlichen und eine Zusammenstellung von Links zu selbstorganisierten Initiativen und Projekte im Kontext von Bildung und Migration ermöglichen es, neue Beziehungen innerhalb und zwischen den Schwerpunkten Kunst, Geschichte, Sprache und Stadt herzustellen und emanzipatorische Praxis zu entwickeln. Gleichzeitig bietet die

Sammlung Werkzeuge für die Reflexion des pädagogischen Verhältnisses zwischen Lehrenden und Lernenden.

Arbeiten mit dem Archiv

Der Aufbau des Archivs verfolgt eine nicht-hierarchische Struktur der Ordnung. Je nach Bedarf und Interesse besteht die Möglichkeit, die Sammlung der Beiträge über die Schwerpunkthemen *Kunst, Geschichte, Sprache* und *Stadt* zu ordnen oder sie über die Navigationsleiste in *Handlungsanregungen Materialien, Texte, Ringvorlesung, Präsentationen, Projekte* und *Links* zu sortieren. Die spezifizierte Suchfunktion konkret nach Themenfeldern und Formaten innerhalb des Archivs ordnet die Online-Sammlung neu. Die Suche über die Themenfelder *Anti-/Rassismus, Feminismus, Gegengeschichten, Gender, Mehrsprachigkeit, Migration, öffentlicher Raum, Post-/Kolonialismus, Queer, Urbanismus, Widerstand* eröffnet die Möglichkeit, die versammelten Beiträge konkret nach einem thematischen Fokus zu ordnen. Die Suchfunktion nach Formaten wie *Audio, Bild, DIY, Video, Installation, Interview, Performance, Stadtrundgang, Text, Website* ermöglicht die Auswahl von bevorzugten Formen und Medien der Wissensvermittlung.

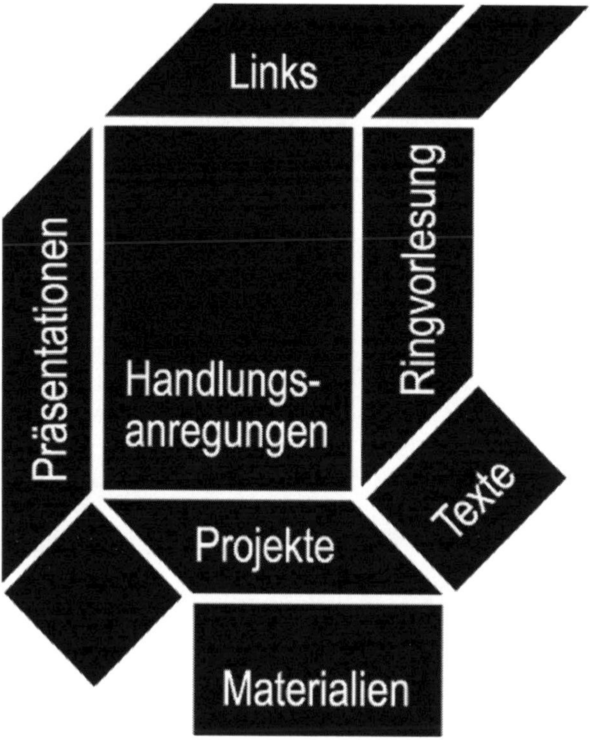

Navigation zur Gruppierung der Beiträge entlang von Formaten, www.trafo-k.at/verlernen/

Skizze zum Aufbau des Online-Archivs anhand von vier Beispielen: Handlungsanregungen – *Flic Flac*. Anregungen zum queer-feministischen Sprachhandeln*; Projekte – *Gastarbajteri. 40 Jahre Arbeitsmigration*. Virtuelle Ausstellung mit Bildern, Dokumenten und Vermittlungskonzept; Präsentationen – *Wer hat was zu sagen? Rund um Worte, Dinge und Gespräche*. Spiralblock von Jugendlichen mit Workshopanleitung; Materialien – *Verborgene Geschichte/n – remapping Mozart*. Archiv mit Texten, Quellen, Fotos und Videos zu Themen wie Orientalismen, Exotismen, Geschlechterbildern, Schwarze österreichische Geschichte, nationale Konstruktionen u.v.m.

Links

Websites
von Organisationen, Initiativen, Kampagnen

Handlungs-anregungen

Workshopanleitungen, Vermittlungsmaterialien, toolboxes, Fragebögen, Leitfäden, Handlungsanleitungen …
für die Arbeit mit Schüler_innen und Jugendlichen sowie zur Reflexion für Lehrende

Ringvorlesung

Audiofiles
der Vortragsreihe
Strategien für Zwischenräume

Projekte

Websites und Datenbanken
von Ausstellungen, Forschungsprojekten, Archiven, Sammlungen und Vermittlungs- und Kunstprojekten

Präsentationen

Installationen, Videos, Interviews und Drucksorten
von Jugendlichen und jungen Erwachsenen

Texte

Artikel und Interviews
aus der Publikationsreihe *Zwischenräume*

Materialien

Fotos, Dokumente, Audioguides, Lyrics, Gedichte, Videos …
für die Verwendung im Unterricht und in Workshops mit Jugendlichen

SPRACHE
STADT
GESCHICHTE
KUNST
50 Jahre
Arbeits
migration
Archiv
jetzt
Verletzende Sprache angehen
TOOL BOX
gegenreden
verlernen
stärken
Anti-/Rassismus
Feminismus
Gegengeschichten
Gender
Mehrsprachigkeit
Migration
Öffentlicher Raum
Post-/Kolonialismus
Queer
Urbanismus
Widerstand
Audios zu „Wie lernen und lehren in mehrsprachigen Klassen?“
„Was wollen wir vom Theater?“ „In Richtung eines utopischen Horizonts“
„Gleichheit – Geschichte – Archiv“ „Das Wissen der Betroffenen“
„Stadt ist Migration“,
MOVEMENTS OF MIGRATION
Audio
Bild
DIY
Video
Installation
Interview
Performance
Stadtrundgang
Text
Website
Texte zu Urbanismus, Migration,
Gegengeschichte, Archiv, politische
Bildung, Postmigrantisches Theater,
Mehrsprachigkeit, …

Autor_innen

Arif Akkılıç
arbeitet als Kurator und Jugendarbeiter mit dem Schwerpunkt Migration. Er war Mitglied des Ausstellungsteams „Gastarbajteri. 40 Jahre Arbeitsmigration" der Initiative Minderheiten im Wien Museum 2004. Gemeinsam mit Ljubomir Bratić organsierte er die Kampagne „Für ein Archiv der Migration, jetzt!" im Rahmen der WienWoche 2012. Er ist Initiator und Mitglied im Arbeitskreis Archiv der Migration sowie Mitarbeiter von „Migration sammeln", Sammel- und Dokumentationsprojekt für das Wien Museum im Auftrag der MA 17.

Ljubomir Bratić
ist Philosoph, Sozialarbeiter und Migrationsforscher. Er war Mitglied des Ausstellungsteams „Gastarbajteri. 40 Jahre Arbeitsmigration" der Initiative Minderheiten im Wien Museum 2004 und des Kurator_innenteams des Projektes „Verborgenen Geschichte/n – remapping Mozart" im Mozartjahr 2006. Gemeinsam mit Arif Akkılıç organisierte er die Kampagne „Für ein Archiv der Migration, jetzt!" im Rahmen der WienWoche 2012. Er ist Initiator und Mitglied im Arbeitskreis Archiv der Migration sowie Mitarbeiter von „Migration sammeln", Sammel- und Dokumentationsprojekt für das Wien Museum im Auftrag der MA 17. Er publiziert zu Migrationsgeschichte, Antirassismus und Aktivismus.

María do Mar Castro Varela
ist Professorin für Allgemeine Pädagogik und Soziale Arbeit an der Alice Salomon Hochschule. Sie ist Diplom-Psychologin, Diplom-Pädagogin und promovierte Politikwissenschaftlerin. Von Oktober 2015 bis September 2016 war sie Senior Fellow am Institut für die Wissenschaften vom Menschen (IWM), Wien. Ihre Forschungsschwerpunkte sind die Postkoloniale Theorie, Kritische Migrationsforschung, Critical Education, Gender und Queer Studies. Zurzeit arbeitet sie zum pädagogischen Umgang mit den Folgen historischer Gewalt.

İnci Dirim
ist Professorin für Deutsch als Zweitsprache an der Universität Wien. Forschungsschwerpunkte sind individuelle und gesellschaftliche Mehrsprachigkeit, Didaktik der (migrationsspezifischen) Mehrsprachigkeit,

Sprachstandsdiagnostik, bilinguale Bildung (Deutsch und Migrationssprachen), migrationspädagogische Zugänge zu sprachlicher Bildung und Sprachförderung.

Ines Garnitschnig
ist Psychologin und arbeitet als freie Wissenschafterin sowie seit 2013 bei Büro trafo.K an wissenschaftlichen und Vermittlungsprojekten. Schwerpunkte ihrer Forschung sind kritische Migrationsforschung, Spracherwerb und Mehrsprachigkeit, Bildung und Bildungspolitik sowie historische Bezüge von Jugendlichen. Sie hat zuletzt u.a. an Projekten zu Mehrsprachigkeit und diskriminierungskritischen Perspektiven im Kindergarten sowie zu emanzipatorischen Praxen in Bildungsprozessen mitgearbeitet.

Ayşe Güleç
arbeitet als Diplom-Sozialpädagogin/Sozialarbeiterin im Kulturzentrum Schlachthof in Kassel. Ihre Schwerpunkte sind Migration, Bildung und kulturelle Bildung. Sie ist in selbstorganisierten Initiativen und Netzwerken – u.a. im Kontext von Migration, Anti-Rassismus sowie in der Initiative „Aktionsbündnis NSU-Komplex auflösen" – aktiv. Sie entwickelte den documenta12-Beirat und war dessen Sprecherin und war Mitglied der Maybe Education Group für die dOCUMENTA (13), bildete „worldly companions" für die Kunstvermittlung aus und war am Konzept für das Studio d(13) für Kids & Teens beteiligt.

Alisha M.B. Heinemann
hat an der Universität Hamburg in der Erwachsenenbildungswissenschaft promoviert und arbeitet aktuell als Postdoc-Universitätsassistentin im Arbeitsbereich Deutsch als Zweitsprache der Universität Wien. Ihre Forschungsschwerpunkte sind die Kritische Migrationsforschung, Deutsch als Zweitsprache in der Schule und Erwachsenenbildung, Literalitäts- sowie Adressatenforschung.

Renate Höllwart
ist Vermittlerin mit den Schwerpunkten Zeitgeschichte, zeitgenössische Kunst und öffentlicher Raum. Sie ist Gründungsmitglied von Büro trafo.K, Vorstandsmitglied von schnittpunkt und Co-Leiterin des ecm-Masterlehrgangs für Ausstellungstheorie und -praxis an der Universität für angewandte Kunst Wien und lehrt am Institut für das künstlerische Lehramt der Akademie der bildenden Künste Wien.

Aslı Kışlal
ist Schauspielerin, Regisseurin, Dramaturgin. Nach ihrer Schauspielausbildung hatte sie zahlrieche Engagements in Österreich und Deutschland und war Ensemblemitglied des Theaterhauses Stuttgart. Sie ist Gründerin des Jugend- und Kulturvereins Echo und seit 2004 künstlerische Leiterin des Kunst- und Kulturvereins „daskunst" (2007 Gewinner des Theaterfestivals Spectrum „best of(f) Austria") und von 2009/10 des Theater des Augenblicks. Sie ist Mitinitiatorin und Kuratorin der Projektreihe „Pimp My Integration" und leitet seit 2013 das Performance- und Theaterlabors diverCITYLAB.

Bonaventure Soh Bejeng Ndikung
ist freier Kurator und Biotechnologe. Er ist Gründer und künstlerischer Leiter des Kunstraumes SAVVY Contemporary Berlin (ein Labor für konzeptuelle künstlerische Produktionen sowie ein Ort der kritischen Reflexion, des Austauschs, der Befragung und der Erforschung der Wechselbeziehungen zwischen dem sog. „Westlichen" und „Nicht-Westlichen") sowie Chefredakteur von SAVVY Journal. Als a. o. Professor lehrte er an der Muthesius Kunsthochschule in Kiel postkoloniale und dekoloniale Theorie und Kunst.

Rubia Salgado
ist Erwachsenenbildner_in, Kulturarbeiter_in und Autor_in mit den Schwerpunkten kritische Bildungs- und Kulturarbeit in der Migrationsgesellschaft. Sie arbeitet in Forschungs- und Entwicklungsprojekten in der Erwachsenbildung für Migrant_innen, als Unterrichtende (Deutsch als Zweitsprache, Alphabetisierung, Kulturvermittlung) und in der Aus- und Weiterbildung von Lehrenden in der Bildungsarbeit mit Migrant_innen in maiz. Sie ist Mitgründer_in der Selbstorganisation maiz – Autonomes Zentrum von und für Migrantinnen und ist als externe Lektor_in an Universitäten und Hochschulen tätig.

Anna Schober
ist Dramaturgin, Regisseurin, Produktionsleiterin, künstlerische Leiterin, Regieassistentin.
Studium Theater-, Film- und Medienwissenschaft und Französisch in Wien und Lyon.
Arbeitete unter anderem für: GARAGE X/WERK X, daskunst, Volkstheater Wien, Sommerspiele Melk, Wiener Metropol, Herrenseetheater, Filmhof Asparn, Sommerszene Salzburg, Tanzquartier Wien, Theater Brauhaus Litschau, Schrammel.Klang.Festival., wellenklaenge, Fehl-t am Platz. Regiedebut 2012 bei den Sommerspielen Melk mit Dario Fos „Zu-

fälliger Tod eines Anarchisten". 2015 Regie im WERK X–Eldorado von Ascanio Celestinis „Schwarzes Schaf". Seit 2013 Dramaturgin bei diverCITYLAB.

Elke Smodics
ist Kommunikationskuratorin mit den Schwerpunkten zeitgenössische Kunst, Feminismus und Partizipation in Kunst und Kunstvermittlung. Ein Fokus ist dabei die Entwicklung von Vermittlungstools und Arbeitsmaterialien für antidiskriminierende, emanzipatorische Bildungsprozesse. Sie ist Gründungsmitglied von Büro trafo.K und Vorstandsmitglied der IG Bildenden Kunst. Sie kuratiert partizipative Ausstellungen sowie Projekte im öffentlichen Raum und ist Lehrbeauftragte zu queer-feministischen, transdisziplinären Vermittlungsstrategien.

Nora Sternfeld
ist Kunstvermittlerin, Kuratorin und Theoretikerin. Sie ist Professorin für Curating and Mediating Art an der Aalto University in Helsinki, Mitbegründerin und Vorstandsmitglied von schnittpunkt und Co-Leiterin des ecm-Masterlehrgangs für Ausstellungstheorie und -praxis an der Universität für angewandte Kunst Wien. Sie ist Gründungsmitglied von Büro trafo.K und publiziert zu zeitgenössischer Kunst, Vermittlung, Ausstellungstheorie, Geschichtspolitik und Antirassismus.

Regina Wonisch
ist Historikerin, Museologin und Ausstellungskuratorin. Sie ist Mitarbeiterin des Instituts für Wissenschaftskommunikation und Hochschulforschung der Fakultät für interdisziplinäre Forschung und Fortbildung der Universität Klagenfurt in Wien und Leiterin des Forschungszentrums für historische Minderheiten in Wien. Ihre Forschungsschwerpunkte sind Migrationsforschung, Museologie und Genderforschung.

Erol Yıldız
studierte Pädagogik, Soziologie und Psychologie an der Universität zu Köln. Er promoviert 1996 im Fach Soziologie. 2005 habilitierte sich Erol Yıldız an der Universität zu Köln für das Fach Soziologie und war Gastprofessor in Luxemburg, München und Wien und hatte Vertretungsprofessuren in Hamburg und Köln. Von 2008–2014 war er Professor für „Interkulturelle Bildung" an der Alpen-Adria-Universität Klagenfurt und seit 2014 ist er Professor für „Migration und Bildung" an der Universität Innsbruck. Seine Forschungsschwerpunkte sind Migration, Postmigration, Diversität, Bildung, Urbanität.

LIEFERBARE TITEL

Nr.	Titel	Preis
86	Erinnerungskultur	€ 8,70
87	Umwelterziehung	€ 8,70
88	Lehren und Lernen fremder Sprachen	€ 8,70
89	Hauptfach Werkerziehung	€ 8,70
90	Macht in der Schule	€ 8,70
92	Globalisierung, Regionalisierung, Ethnisierung	€ 10,90
93	Ethikunterricht	€ 8,70
94	Behinderung. Integration in der Schule	€ 10,90
95	Lebensfach Musik	€ 10,90
96	Schulentwicklung	€ 10,90
97	Leibeserziehung	€ 12,40
98	Alternative Leistungsbeurteilung	€ 11,60
99	Neue Medien I	€ 11,60
100	Neue Medien II	€ 10,90
101	Friedenskultur	€ 10,90
102	Gesamtschule – 25 Jahre schulheft	€ 10,90
103	Esoterik im Bildungsbereich	€ 10,90
104	Geschlechtergrenzen überschreiten	€ 10,90
105	Die Mühen der Erinnerung Band 1	€ 10,90
106	Die Mühen der Erinnerung Band 2	€ 10,90
107	Mahlzeit? Ernährung	€ 10,90
108	LehrerInnenbildung	€ 11,60
109	Begabung	€ 11,60
110	leben – lesen – erzählen	€ 11,60
111	Auf dem Weg – Kunst- und Kulturvermittlung	€ 11,60
112	Schwarz-blaues Reformsparen	€ 8,70
113	Wa(h)re Bildung	€ 14,00
114	Integration?	€ 14,00
115	Roma und Sinti	€ 14,00
116	Pädagogisierung	€ 14,00
117	Aufrüstung u. Sozialabbau	€ 14,00
118	Kontrollgesellschaft und Schule	€ 14,00
119	Religiöser Fundamentalismus	€ 14,00
120	2005 Revisited	€ 14,00
121	Erinnerungskultur – Mauthausen	€ 14,00
122	Gendermainstreaming	€ 14,00
123	Soziale Ungleichheit	€ 14,00
124	Biologismus – Rassismus	€ 14,00
125	Verfrühpädagogisierung	€ 14,00
126	Leben am Rand	€ 14,00
127	Führe mich sanft Beratung, Coaching & Co.	€ 14,00
128	Technik-weiblich!	€ 14,00
129	Eine andere Erste Republik	€ 14,00
130	Zur Kritik der neuen Lernformen	€ 14,00
131	Alphabetisierung	€ 14,00
132	Sozialarbeit	€ 14,00
133	Privatisierung des österr. Bildungssystems	€ 14,00
134	Emanzipatorische (Volks)Bildungskonzepte	€ 14,00
135	Dazugehören oder nicht?	€ 14,00
136	Bildungsqualität	€ 14,00
137	Bildungspolitik in den Gewerkschaften	€ 14,00
138	Jugendarbeitslosigkeit	€ 14,00
139	Uniland ist abgebrannt	€ 14,00
140	Krisen und Kriege	€ 14,00
141	Methodische Leckerbissen	€ 14,00
142	Bourdieu	€ 14,00
143	Schriftspracherwerb	€ 14,00
144	LehrerInnenbildung	€ 14,00
145	EU und Bildungspolitik	€ 14,00
146	Problem Rechtschreibung	€ 14,00
147	Jugendkultur	€ 14,00
148	Lebenslanges Lernen	€ 14,00
149	Basisbildung	€ 14,50
150	Technische Bildung	€ 14,50
151	Schulsprachen	€ 14,50
152	Bildung und Emanzipation	€ 14,50
153	Politische Bildung	€ 15,00
154	Bildung und Ungleichheit	€ 15,00
155	Elternsprechtag	€ 15,00
156	Weiterbildung?	€ 15,00
157	Bildungsdünkel	€ 15,50
158	Linke Positionen	€ 15,50
159	Bildungsanlass Erster Weltkrieg	€ 15,50
160	Das Ende der Schule	€ 15,50
161	Österreich und der EU-Bildungsraum	€ 16,00
162	Neue Mittelschule	€ 16,00
163	Schulmöbel	€ 16,00
164	Demokratisierung	€ 16,50

In Vorbereitung

166	LehrerInnen-Handeln	€ 16,50